Un día en el solar,

expresión de la cubanidad de Alberto Alonso

Yaima Redonet Sánchez

Un día en el solar,

expresión de la cubanidad de Alberto Alonso

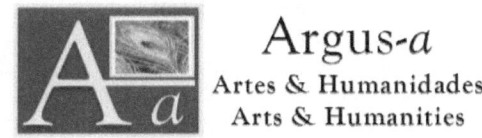

Buenos Aires, Argentina - Los Ángeles, USA
2018

Un día en el solar, expresión de la cubanidad
de Alberto Alonso

ISBN 978-1-7323474-0-3

Ilustración de tapa: Vania Paola Bilen
Diseño de tapa: Argus-*a*.

© 2018 Yaima Redonet Sánchez

All rights reserved. This book or any portion thereof may not be reproduced or used in any manner whatsoever without the express written permission of the publisher except for the use of brief quotations in a book review or scholarly journal.

Editorial Argus-*a*
16944 Colchester Way,
Hacienda Heights, California 91745
U.S.A.

Calle 77 No. 1976 – Dto. C
1650 San Martín – Buenos Aires
ARGENTINA
argus.a.org@gmail.com

Índice

Introducción	1
Glosario	7
Alberto Alonso. Su impronta	15
La cubanidad en la creación danzaria de Alberto Alonso	23
Alberto Alonso y el desarrollo de la danza en La Habana, antes y después del triunfo revolucionario	27
Un día en el solar, concreción de una poética danzaria	53
Análisis dancístico de la comedia musical *Un día en el solar*	67
Rasgos que caracterizan la poética danzaria de Alberto Alonso	115
Conclusiones	121
Bibliografía	123
Anexos	131

Introducción[1]

El establecimiento e institucionalización de la danza en Cuba como manifestación artística dentro de las artes escénicas, ha despertado el interés por estudiarla y analizarla. Este interés de estudio y análisis del movimiento danzario cubano se ha incrementado y perfeccionado con la realización de investigaciones desde diversos órdenes. Los autores que se han dedicado a esta labor han tomado como objeto de estudio la crítica danzaria, los procesos de fundación de conjuntos danzarios profesionales o no, el establecimiento o desarrollo de una técnica y/o lenguaje danzario en específico, los procesos de formación de bailarines, el análisis de la danza como espectáculo teatral, el estudio de las danzas y bailes de la cultura popular tradicional vigentes y extintos o, sencillamente, se han referido a alguna personalidad de la danza que haya alcanzado alto reconocimiento por su desempeño artístico como bailarín-intérprete, como precursor de una escuela o por su labor creativa. Este texto se orienta hacia la creación danzaria del coreógrafo Alberto Alonso.

Mi primera aproximación a la obra de Alberto Alonso fue cuando aprecié una grabación de una puesta en escena del ballet *Carmen Suite* (1966), versión coreográfica de Alonso de la novela homónima de Prosper Mariméee (con libreto de Henry Meilbac y Ludovic Halévy para la ópera de George Bizet), con arreglos musicales de Rodión Schedrín y diseños de Boris Messerer, interpretado por la Prima Ballerina Assoluta Alicia Alonso.

Pese a ser un ballet basado en el lenguaje danzario clásico, clasificado dentro de la danza con argumento o danza teatral, con estructura narrativa que determinaba las composiciones coreográficas de la época, acompañada de música culta o clásica, interpretada por solistas y cuerpo de baile caracterizando personajes del siglo XIX,

---

[1] Agradezco al abogado y Magíster en Derecho por la Universidad de Chile, Luis Salazar Torres, por su colaboración en la revisión final del texto.

se percibe la presencia de poses, actitudes, gestos y movimientos fuera de los códigos de la técnica de ballet o clásica, que delatan rasgos de la poética del creador con una marcada diferencia, de trasfondo cultural, que pedía a gritos fuese revelada.

Comencé a indagar sobre la obra del coreógrafo y descubrí que dentro de su repertorio destacaba un importante número de creaciones danzarias de temática cubana, lo que evidenciaba la tendencia en Alonso por las danzas y bailes populares tradicionales.

Existen varios escritos que reseñan la obra artística de Alberto Alonso, ya como intérprete o como coreógrafo, pero no hay un estudio especializado, profundo y detallado de su creación danzaria que distinga una poética danzaria concreta, que, sin dudas, lo sitúa en altísimo nivel artístico, como uno de los más importantes coreógrafos cubanos del siglo XX.

Dada esta situación, me dispuse a realizar el análisis dancístico de la comedia musical *Un día en el solar* (1965), para identificar las particularidades de la poética danzaria de Alberto Alonso; al mismo tiempo, valoro la trascendencia que tiene su obra para el arte danzario en Cuba, pues varias generaciones de bailarines, coreógrafos y otros artistas han declarado que él es un pilar imprescindible, que partiendo de lo universal, se perfiló hacia la expresión de lo cubano en la danza, lo que me guió a definir el concepto de cubanidad en su creación danzaria.

Los autores que han estudiado la obra de Alberto Alonso y que se han empleado como referencia para fundamentar el presente texto son:

- "Carmen en su aniversario cuarenta", artículo escrito por Pedro Simón, publicado en la revista *Cuba en el Ballet*, en su número 116 correspondiente al año 2008. Es la entrevista que Simón le realizó a

Alberto, el primero de julio de 1983, para que el autor diera opinión y testimonio sobre *Carmen Suite,* la más reconocida de sus creaciones danzarias. La entrevista resultó ser un profundo análisis de la obra, donde Alonso señala cuáles fueron las motivaciones que lo movieron a crear el ballet y explica detalladamente el proceso de creación.

Lo que realmente llamó la atención en la lectura de la entrevista, fue cuando Alberto Alonso pronuncia que *Carmen,* en términos de danza es la culminación de un trabajo de creación que venía en proceso, tras la búsqueda de un lenguaje cubano, donde están implícitos pasos de los bailes y las danzas cubanas. En el ballet *Carmen* se integran tres modos de danzar, lo clásico, lo español y lo cubano, pero según sus palabras lo importante era: "No hacerlo en un lenguaje clásico, ni español, sino también decir: esta es la visión, el punto de vista de un cubano" (Simón 25). Esta declaración fue la que despertó el interés en continuar indagando en la obra de Alberto Alonso.

- *Alberto Alonso. Una vida para la danza* (1990) y *El ballet en Cuba. Apuntes históricos* (2014), son textos donde Miguel Cabrera nos descubre casi toda la vida y obra artística del creador. En ellos hace uso de la cronología y desborda exquisitez en la exposición de datos historiográficos. Mediante esos libros se conoce la carrera artística de Alberto como estudiante, bailarín, coreógrafo y como director artístico, compendia el trabajo que realizó Alberto en diferentes instituciones dentro y fuera del país, así como los galardones que les fueron dados por todo su desempeño laboral; pero Miguel Cabrera no declara un análisis crítico ni especializado del quehacer del creador, no obstante, su obra es un referente indispensable, pues es una de las pocas personas que tuvo la oportunidad de colaborar en muchas de sus creaciones y pudo registrar entrevistas que resumen su carrera, narradas por el propio artista.

- Miguel Gregorio Gómez Ozete, bailarín del Ballet Nacional de Cuba, en su Trabajo de Diploma titulado *Acercamiento a la cubanía de*

Alberto Alonso (1990), en su investigación recoge la labor de Alberto como coreógrafo, señala fundamentalmente las piezas de temas nacionales que concibió para el Ballet CMQ Televisión [CMQ, es el acrónimo que representaba el circuito de la emisora radial y de televisión cubanas, antes del triunfo de la Revolución]; el Conjunto de bailes del Teatro Radiocentro y el Ballet Nacional de Cuba, analizando con deferencia los ballets *El Güije, Conjugación* y *Carmen*.

Su análisis se centra en explicar a grandes rasgos, su interpretación acerca de las creaciones de Alberto Alonso; sí especifica que las piezas han sido elaboradas mediante la introducción de movimientos de los bailes y danzas populares a la técnica académica o técnica de ballet y nos da una que otra pequeña información de la música utilizada, pero él no hace un desmontaje particularizado de los elementos de la danza que determinen la calidad y cualidad de movimiento, tampoco analiza los planos dramatúrgicos, sonoridad, decorados, vestuario, maquillaje, iluminación, etc., por los cuales también toma expresión la danza, que nos permita conocer el contenido de la misma, contextualizarla y significarla, con el fin de caracterizar la obra del coreógrafo dentro del espacio danzario al que perteneció.

- Por su parte Yahimí Mederos Moronta graduada de historia del arte de la Universidad de La Habana, en su artículo "Ballet Nacional de Cuba: Esencias africanas en la creación coreográfica", hace una profunda reflexión sobre cómo nuestras músicas y danzas de antecedente africano han servido de inspiración a los coreógrafos cubanos, para conformar ballets de gran distinción y alta calidad artística. En su opinión estas obras han incrementado la Escuela Cubana de Ballet en la inquietud de lograr un modo de expresión propio de los cubanos.

Lo más significativo de su exposición es que reconoce a un destacado grupo de coreógrafos que crearon para el Ballet Nacional de Cuba, indicando sus obras, los compositores de las músicas y en algunos casos, nombra aquellos que escribieron argumentos para danza. Dentro de ese amplio grupo toma lugar cimero Alberto Alonso, que según ella es, el primer coreógrafo cubano que hizo de la danza popular tradicional las más osadas e interesantes creaciones danzarias.

Este texto devendrá en merecido homenaje y reconocimiento a la personalidad artística de Alberto Alonso, un creador incansable, que sin desdeñar otros matices de su creación danzaria, destacó en su obra de arte «lo cubano». En el sentido más amplio de la expresión, lo cubano como motivación, como contexto, como sonoridad, como gestualidad y movimentalidad.

Un día en el solar nos queda como constancia de ese empeño y qué satisfacción en poderla analizar, esta obra ayudará a rescatar a Alberto del inmerecido olvido en que se le ha situado; reconocerlo es válido, por lo que fue, un creador que le dio vida a personajes, lo mismo a una Carmen de la España del siglo XIX que a Sonia, la del solar de la esquina.

Glosario

Me dispongo a definir algunos términos que se utilizan en el texto y que son importantes para la comprensión del análisis, comienzo por los de perfil general y luego los que son específicos al arte de la danza.

Cubano: Es lo propio del país Cuba y de sus ciudadanos.

Popular: Es lo exclusivo del pueblo. Es un adjetivo que señala o refiere la pertenencia al pueblo. Es a lo que la mayoría de las personas tienen acceso, principalmente las clases más bajas de la sociedad.

Solar: lugar de residencia de los pobres de la sociedad cubana, es una tipología de la vivienda urbana que se caracteriza por ser un lugar poco ventilado, rancio, oscuro, en su mayoría insalubre y un lugar de aglomeración o hacinamiento de individuos. Es un medio de subsistencia donde los que conviven crean hábitos y costumbres que son habituales de la comunidad.

Multiculturalidad: Es cuando en un mismo espacio físico, geográfico y social hay coexistencia de disímiles culturas que interactúan, pero no se produce entre ellas un intercambio substancial, sino un reconocimiento a la diversidad y tolerancia de las diferencias étnicas, raciales y lingüísticas que poseen.

Hibridación: Este proceso se da cuando distintas culturas convergen, se relacionan y se entremezclan, originando una nueva cultura que complementa aspectos de las culturas predecesoras, casi siempre hay una cultura autóctona que absorbe el influjo de culturas externas. La cultura tradicional se acopla a la cultura moderna donde las costumbres y las prácticas actuales son asumidas por los naturales y los inmigrantes de una comunidad.

Muchos de los pueblos del continente americano han vivido estos procesos culturales, multiculturales e híbridos, a raíz de la invasión territorial que se produjo entre los mismos pueblos indígenas; situación agudizada posteriormente al ser sometidos a la Conquista y Colonización europea, que a la postre trajeron consigo a otros pueblos por ellos dominados. En Cuba se dio esta situación, causada por la llegada de los españoles, imponiendo su cultura a nuestros indígenas; sucedió después la inmigración de los africanos, que arbitrariamente fueron traídos al país en múltiples ocasiones, desde 1513 hasta las primeras décadas del siglo XX y así continuamente recibimos muchas oleadas de pueblos inmigrantes que llegaron a la isla con objetivos desiguales (ingleses en 1762, haitianos en 1791, chinos e indios mexicanos en 1847 y a partir de 1914 hicieron entrada jamaiquinos, libaneses, sirios, coreanos, palestinos, etc.), produciéndose un entrechoque de culturas que culminaron en la cultura cubana hacia la segunda mitad del siglo XIX, una cultura híbrida, transcultural y sincrética.

La migración de los pueblos a otros es una realidad que acompaña al hombre desde su surgimiento, una realidad que hace perpetuar la multiculturalidad e hibridación de las culturas, pero no debe tratárseles como acontecimientos de la actualidad, sino que son procesos heredados del pasado y hoy siguen tan activos y dinámicos como ayer.

Folklore: Es el cúmulo de los bienes culturales que les son distintivos a una nación, las experiencias; los gustos; la forma de construir las viviendas; la forma de sanar a los enfermos y de enterrar a los muertos; la forma de elaborar las comidas y de consumirlas; la forma de vestir; la mitología; los ritos; los cantos; las fiestas, las músicas, las danzas y muchísimas otras concepciones de la vida que conforman las costumbres y las tradiciones. Estos bienes son trasmitidos de una generación a otra por vía oral, siendo un hecho anónimo, espontáneo que se transforma y evoluciona. Se ha dicho que el folklore es la memoria de los pueblos.

Es posible advertir en cierta doctrina especializada una utilización indistinta de los conceptos de "Folklore" y "Cultura popular tradicional"; en este texto, he preferido manejar de igual manera ambas terminologías.

Definiciones danzarias

Sostengo el mismo criterio que la Doctora Bárbara Balbuena en sus estudios teóricos ha definido como Análisis dancístico:

> Es el procedimiento mediante el cual se produce una descomposición de una parte o la totalidad de una obra danzaria en elementos cada vez más simples e individualizados, por medio de teorías, métodos, técnicas y criterios sistemáticos y empíricamente verificables. Consiste en la distinción y separación de las partes que componen una danza hasta llegar a conocer sus principios y elementos. (Balbuena 2014)

Creación danzaria: Es el acto consecuente de crear, organizar y seleccionar los movimientos corporales, sus disposiciones en espacio y tiempo, dada la motivación y la dinámica que compondrán una obra de danza. El acto de creación se realiza con una marcada intencionalidad que se traduce en imágenes kinéticas, sonoras, visuales, supuestas; el código de movimiento a utilizar lo estipula el creador en aras de lograr la expresión y provocar la comunicación.

Poética danzaria: Estudio del quehacer artístico que consigue un coreógrafo en la obra de danza. Identifica tendencias, métodos, rasgos y hasta puede que conste un esquema (de manifesto para él o no) con que el autor opera una y otra vez, para realizar el proyecto de su obra. Este acto de producción marca particularidades en el artista, confiriéndole exclusividad a su creación y lo distingue dentro del ámbito de creadores.

Lenguaje danzario: Sistema de códigos de movimiento que nos ubica en un lugar definido, para expresar, con el sentido de comunicar emociones, ideas, nociones, experiencias, etc. El lenguaje contiene, además, el modo de ejecución, carácter de la(s) danza(s) y los baile(s) que refiere, los estilos artísticos en los cuales se contextualice y la técnica por la cual procede. Los lenguajes danzarios son: lenguaje folklórico o popular tradicional, lenguaje clásico o académico, lenguaje moderno, lenguaje posmoderno o contemporáneo, lenguaje espectáculo musical, e inclúyase el que se estime como tal.

Existen diversos criterios por parte de los especialistas que le dan distintas definiciones a los términos danza y baile, para algunos la danza es la actividad creada y dirigida por un miembro del grupo que la practica, mientras que el baile es la expresión libre de movimiento. Otros consideran "como *danza* las manifestaciones que responden a una estructura más formal, con una coreografía establecida de cierto grado de complejidad y con un tema específico por lo general; mientras que *bailes* son los que poseen mayor libertad de ejecución y pueden incluir improvisaciones" (Santos 9).

En lo nuclear, ambas se refieren a actividades (danzar–bailar), que desde un punto de vista lógico se encuentran relacionadas a modo de género–especie, la formulación a aplicar sería: la danza es el todo, el baile es la parte. Lo relevante más allá de la terminología usada es la distinción conceptual, consecuentemente, el baile es un tipo o especie de danza que se caracteriza por una atenuación de su componente reglado, permitiendo en el desarrollo de la actividad improvisación, mayor libertad ejecutiva.

Las danzas y los bailes que encauzan el lenguaje folklórico o popular tradicional son creadas y practicadas por el pueblo, de ahí su apelativo de popular; sin embargo, no todas las danzas y bailes alcanzan la categoría de tradicional y/o folklórica, su limitación radica en que sus prácticas deben estar ininterrumpidamente vigentes, varias generaciones de bailadores, por eso me referiré a las distintas clases que existen dentro del mismo lenguaje danzario.

- La danza folklórica o popular tradicional, comúnmente tiene lugar en las festividades ceremoniales religiosas, pues son las danzas que personifican o aluden a las divinidades, los intérpretes encarnan un rol bien caracterizado a través del vestuario, maquillaje, atributos, gestualidad y movimientos, que alcanzan estándares y maneras ya determinados como costumbres; guiadas por el canto y el toque de la música, nos narran diferentes acontecimientos de la vida de los antepasados y se espera que a través de la danza, ocurra el trance-posesión para conseguir la comunicación directa con los dioses. Las danzas de palo y garabato de antecedente bantú; las danzas de los orichas (dioses de la religión Regla de Ocha) de antecedente yoruba; las danzas de los *vodunes o fodunes* (dioses de la religión Regla Arará) de antecedente arará, entre otras, están dentro de esta clasificación.

- El baile folklórico o popular tradicional, es aquel de carácter profano, laico o festivo que se motiva para el disfrute de los que participan, casi siempre concurre en un evento social inclusivo que funciona como un acto de apoyo social, también se manifiesta por modos de ejecución y de expresión bien detallados y fijados por la colectividad, aunque dan margen a la improvisación y a la ejecución de figuras libres de movimiento. Facilita la atracción erótica de los pares, condicionalmente el baile folklórico se forma en baile de parejas independientes, de parejas interdependientes y puede irrumpir en baile colectivo, Ej.: la conga; los bailes campesinos (practicados en zonas rurales del país) y los bailes de la rumba.

- El baile de salón, a diferencia del baile popular, nace en circunstancias históricas distintas. Hace siglos atrás, en Europa, se dieron una serie de condiciones especiales de carácter económico, político, social y cultural que condicionaron la transformación de las danzas folklóricas; fueron extraídas de su contexto original, luego innovadas, ajustadas y establecidas ya como las danzas preclásicas en el período del Renacimiento; ahí encuentra su origen el baile de salón y como lo indica el nombre, son aquellos bailes que surgieron y se ampliaron en su mayoría en espacios urbanos (aunque pueden desarrollarse en zonas rurales) destinados a la recreación, salones residenciales privados, círculos sociales, sociedades, etc. El baile de salón se manifiesta en el baile de pareja, favoreciendo el contacto erótico de los géneros y ofrece el espacio oportuno donde el colectivo se solidariza sin prejuicio de ninguna índole. Dentro de este grupo se encuentran: La contradanza; la danza; el danzón; el son urbano; el chachachá y el casino, que alcanzan la categoría de bailes de salón populares tradicionales.

- El baile popular, aunque también surge en espacios destinados a la recreación, para el regocijo y disfrute de los bailadores, no necesariamente son bailes creados por la población, sino que en circunstancias reducidas aparece un creador, un coreógrafo acompañado de bailarines, que unidos a los músicos de las orquestas de fama, toman un ritmo de reciente creación, le atribuyen pasos, figuras, estilo y le dan un nombre, que luego la población va reproduciendo y practicando hasta que la autoría del baile queda en el anonimato, pero casi siempre prevalece la autoría musical de quien lo compuso.

Estos bailes toman una importante etapa de popularidad, pero no trascienden en el tiempo. En Cuba tenemos varios bailes de este tipo, dentro de los que se recuerdan: el bote; el mozambique (creado por Pello el Afrokán); el pilón (creado por Pacho Alonso); el pa' cá (creado por Juanito Márquez); el dengue (creado por Dámaso

Pérez Prado); el coyude y tenemos el caso especial del mambo, algunos especialistas lo consideran un baile de salón popular tradicional y otros lo toman simplemente como un baile popular porque tienen en consideración el tiempo que estuvo gozando de popularidad, para algunos su práctica no excedió una década y para otros sí.

Alberto Alonso. Su impronta.

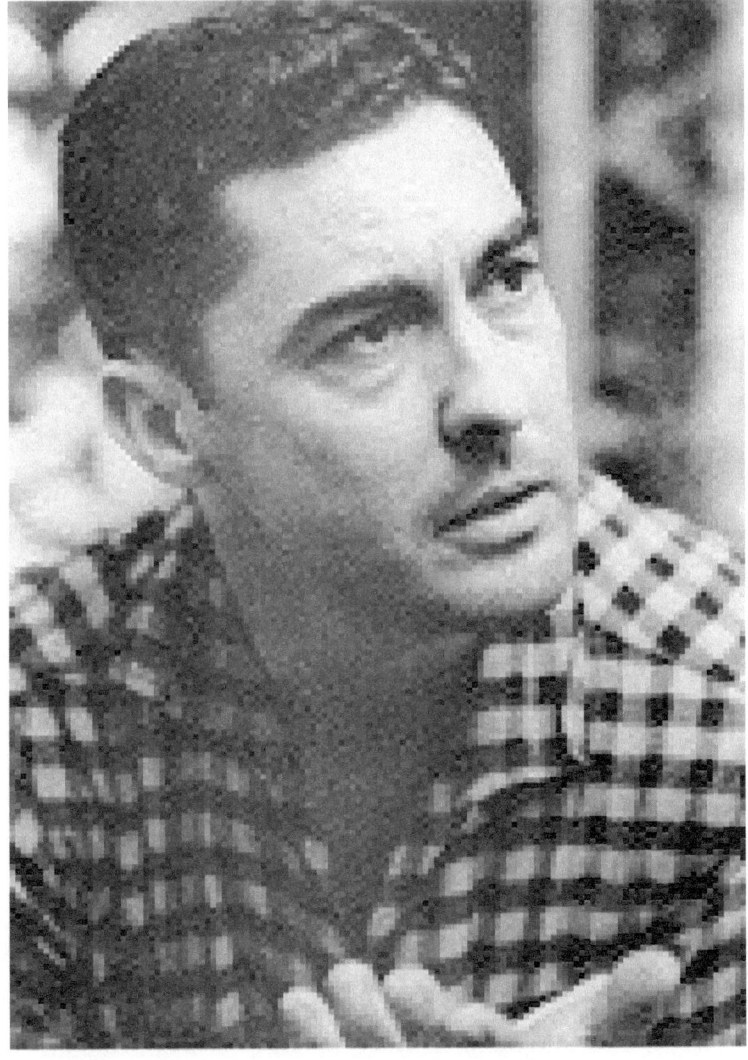

Alberto Alonso. Foto tomada del programa de mano del *Gran Music-Hall de Cuba* (1965).

Alberto Alonso nació el 22 de mayo de 1917 en La Habana. Hijo de Matías Alonso y Laura Rayneri. Recibió desde pequeño una influencia cultural artística directa de su familia y en él no tardó su propensión hacia el arte, sentía pasión por las artes plásticas y estudió violín durante 8 años. Curiosamente Alberto también se desempeñó en la práctica de deportes; esta cualidad atlética fue despertando en él la inquietud hacia un constante adiestramiento corporal que luego tuvo oportunidad de continuar cuando se inició en 1933 en las clases de ballet, de la escuela que se había fundado en la Sociedad Pro-Arte Musical de La Habana.

De mano del maestro ruso Nicolai Yavorski, Alberto se inició en la técnica de ballet. Su primera actuación la realizó el 4 de noviembre del mismo año en que comenzó sus estudios, cuando danzó *El Azul Danubio*. A visión de su maestro Yavorski, al notar los adelantos técnicos que su alumno destacaba, logra, que Alberto fuera incorporado en 1935 al cuerpo de baile del Ballet Ruso de Montecarlo, bajo la dirección del coronel de Basil.

Alberto no dejó escapar la oportunidad de seguir entrenándose, pues se encontraba en el terreno propicio para aprender toda la tradición de ballet, recibiendo los conocimientos de grandes maestros y coreógrafos del ballet ruso, George Balanchine, Anton Dolin, Mijaíl Fokine, Sergio Lifar, Leonid Massine y Bronislava Nijinska, entre otros.

Poco a poco, en virtud del talento y del trabajo de Alberto, fue emergiendo su individualidad artística de las filas del cuerpo de baile. Reconocido por la crítica como un destacado bailarín de carácter, su repertorio se fue enriqueciendo con roles importantes en obras disímiles como *Scherezade, Las bodas de Aurora, Las mujeres del buen humor, El gallo de oro, El bello Danubio, Petrouchka y Baile de graduación*. (Cabrera 2011 77)

Un día en el solar

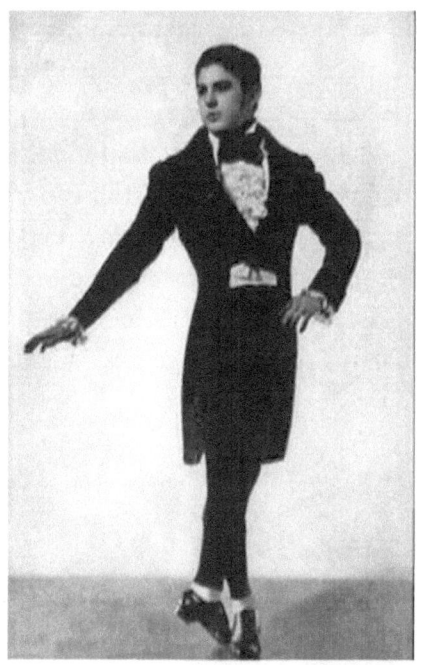

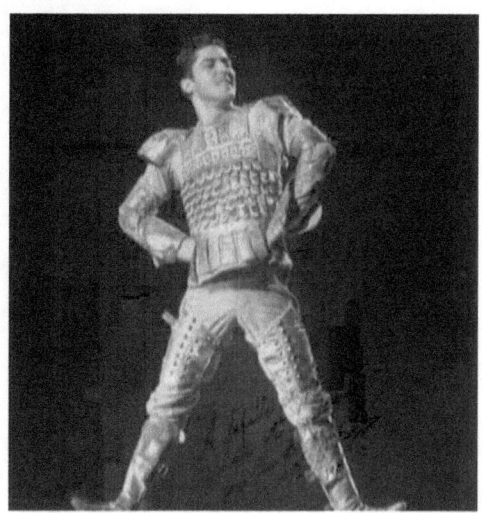

Fotogramas tomados del documental
Danza de mi corazón (2007).

Alberto estaba realizando su sueño de crecer como un profesional de la danza. Distinguió los títulos de Solista del Ballet Ruso de Montecarlo; Solista del Original Ballet Ruso; Primer Bailarín de la Sociedad Pro-Arte Musical de La Habana y Primer bailarín de Carácter del Ballet *Theatre* de *New York*, en un período de nueve años, pero, Alberto siempre tuvo el recelo de poder realizar con toda la experiencia adquirida, un trabajo formal en cuanto a la danza en su terruño natal; así cuando comienza a gestarse la Segunda Guerra Mundial, viéndose impedido para continuar sus funciones, regresa a Cuba resuelto a dedicarse a la creación danzaria.

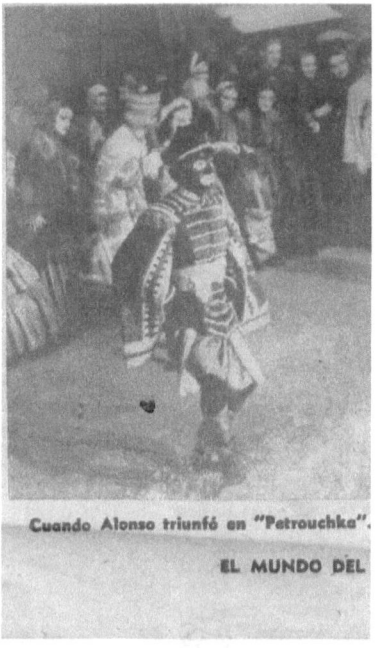

Foto obtenida de un recorte de prensa del periódico
El mundo del domingo, donado por Ondina Mateo del Toro.

Nace así *Preludios* (1942) que, como Miguel Cabrera explica es su obra primera y bautiza a Alberto Alonso, como "el primer coreógrafo cubano" (Cabrera 2011 79). Esta obra fue estrenada en marzo, en el marco del Festival de ballet que se celebraba anualmente, evento oportuno para dar riendas sueltas a la inventiva del creador, donde Alberto reelaboró y creó muchos ballets.

En 1945 Alberto parte rumbo Estados Unidos para filmar en *Hollywood* las escenas bailables de la película *Yolanda y el ladrón,* de Vicente Minelli. Regresa a Cuba en 1946 y en 1948 se desenvuelve como director artístico, coreógrafo y Primer bailarín de la novel compañía de ballet, que él junto a sus compañeros habían fundado.

Se ocupó en la década del 50, de la dirección y coreografía del Conjunto de bailes Radiocentro, del Ballet CMQ Televisión y de los espectáculos de los cabarets *Montmartre,* Riviera y *Sans Souci.* Ya en los años 60 trabaja en el Cabaret Parisién y el Capri; crea el Conjunto de Danzas de Alberto Alonso; funda, dirige y compone para el Conjunto Experimental de Danza de La Habana y dirige el Teatro Musical de La Habana. Trabajó con el Conjunto Folklórico Nacional en 1973. Componía y formaba parte de la Junta Artística del Ballet Nacional de Cuba hasta 1975, el mismo año en que retomaba la dirección y coreografiaba para el Conjunto Nacional de Espectáculos Musicales de La Habana, hasta 1982.

Desde 1982 a 1989 trabajó en el Ballet Nacional de Cuba solamente componiendo obras danzarias. De 1989 al año 1990 fue asesor del Ministerio de Cultura. Fue invitado para realizar el montaje de algunas de sus obras para el repertorio de la Compañía Nacional de Danza de México en 1991; se desplaza hacia los Estados Unidos en 1993, allí estableció su nueva residencia y se desempeña como profesor y coreógrafo en el Santa Fe *Community College* en *Gainsville,* Florida.

En 1995 crea *¡Sí señor, es mi son!,* estrenándolo con el Ballet Hispánico de *New York*; en el propio año vuelve a articular su ballet *Carmen* para el Indianápolis Ballet, así mismo para el Saratoga Ballet *of* Florida y el Ballet del Teatro Colón de Buenos Aires en el 2000. En el 2002 estrena *Son, de mí son* para el Ballet de Tokio, Japón.

El 18 de noviembre de 2005 el Teatro *Bolshói* de Moscú lo invita, para la celebración del 80 natalicio de *Maya Plisetskaya*, quien estrenó, 39 años antes su obra maestra, *Carmen Suite*. En el 2006 dentro del Festival Internacional de Ballet de *Edmontón* Canadá salió a la luz el filme *Danza de mi Corazón*, el cual resume los últimos años de trabajo de Alberto Alonso. El 31 de diciembre de 2007, fallece, en los Estados Unidos.

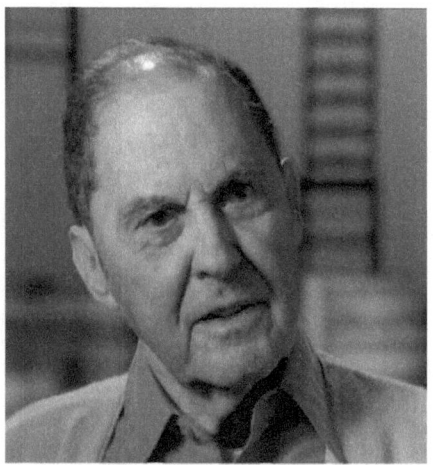

Fotograma tomado del documental *Danza de mi corazón* (2007).

Alberto Alonso quizás nunca sospechó que, bajo el ingenuo pretexto de ejercitar sus músculos para dejar atrás prejuicios sociales y problemas con amigos, se enfrentó por primera vez a un salón de danza, convirtiéndose en el primer alumno varón de la Escuela de ballet de Pro-Arte Musical de La Habana. Fue el primer estudiante que partió hacia el extranjero para completar su formación profesional, hasta obtener los primeros niveles dentro del cuerpo de baile de importantísimas compañías de ballet.

De regreso a Cuba, contribuyó a la creación del movimiento danzario profesional que conllevó a la fundación de los primeros conjuntos institucionalizados de danza y a la enseñanza de la danza clásica en el país. Se convirtió en un importante coreógrafo reconocido a nivel nacional e internacional, un coreógrafo que desde los inicios de su carrera le dio vida a historias y personajes ajenos al contexto nuestro, pero no relegó los hechos, las experiencias y las individualidades que caracterizaron a su nación, motivos de una noble persistencia de creación. Adentrarse en el mundo de la danza para Alberto, significó encontrar una condición esencial de su existencia misma.

La cubanidad en la creación danzaria de Alberto Alonso

Hoy involucrada en el estudio e indagación sobre temas relacionados con la cultura y el arte cubanos, considero primordial dar explicación al término cubanidad; para esta labor me fue preciso apoyarme en los argumentos (que, a mi entender, son insuperables) de nuestro Don Fernando Ortiz, quien ha definido con sapiencia y probidad muchas de las nociones relacionadas con Cuba en todo su alcance.

En el libro *Fernando Ortiz y la cubanidad*, se recapitula uno de sus ensayos: "Los factores humanos de la cubanidad", un hermoso ensayo que nos guía por todo el transcurso de formación de la nación cubana; a *grosso modo* él manifiesta el nacimiento de la cultura cubana, que se comenzó a originar por el encuentro de distintas etnias y la coexistencia de sus culturas, que en circunstancias propicias se comenzaron a asimilar y se transformaron para dar paso a una cultura nueva y distinta de sus antecesoras. Este proceso se inició hace cinco siglos atrás y no se detiene, sigue vivo en continua evolución y transformación, adaptándose a los contextos que imponen el conocimiento humano.

Ortiz nos explica, cuáles fueron los componentes culturales esenciales y los complementarios, cómo se integraron, narrando los hechos que respaldaron el cauce de la historia, que aconteció en una historia intensa y exclusiva. Ortiz define a Cuba desde la raíz hasta el pétalo, describiendo desde el mínimo detalle los aportes de los diversos grupos de aborígenes, de blancos, de negros, de asiáticos y de otros grupos, que en nuestra tierra se complementaron para formar la cultura cubana y lo plasma, con la brillante idea de semejar a Cuba con el ajiaco (guiso de origen aborigen), mediante expresiones del lenguaje corriente y de orden culinario, que acentúan la agudeza que poseía el literato para comunicar.

El maestro expone los significados de cubano y cubanismo, a través de imágenes efectivas y palpables; con notabilidad declara varias ideas para definir la cubanidad, en sus palabras:

- "Cubanidad es la cualidad de lo cubano; o sea su manera de ser, su carácter, su índole, su condición distintiva, su individuación dentro de lo universal" (Suárez: 4).

- "[Es] complejo de condición o calidad, como una específica cualidad de cubano" (Suárez 6).

- "La cubanidad es principalmente la peculiar calidad de una cultura, la de Cuba" (Suárez 8).

- "La cubanidad es condición del alma, es complejo de sentimientos, ideas y actitudes. [Es] la conciencia de ser cubano y la voluntad de quererlo ser" (Suárez 9).

> La distinción de la *cubanidad*, condición genérica de cubano y la *cubanía*, cubanidad plena, sentida, consciente y deseada; cubanidad responsable, cubanidad con las tres virtudes —dichas teologales—, de fe, esperanza y amor. (…) La cubanidad en lo humano es, sobre todo, una condición de cultura. La cubanidad es la pertenencia a la cultura de Cuba. (Suárez 10)

La cubanidad es el pensamiento y el sentir comunes que unió a los cubanos e hizo posible la constitución del *etnos* Cuba, inspiró todos los procesos de luchas, en sus diferentes y marcadas etapas, por liberar a nuestro pueblo del dominio extranjero, a favor de componer una dirección que fuera protectora de sus convicciones e intereses. La cubanidad es lo que expresa aquel cubano que de corazón le concierne su patria. La cubanidad es el ideal que ha permitido la defensa por la permanencia de los valores culturales y no de su pérdida. Pienso que ha sido así desde la primera manifestación de cubanidad hasta el presente, por supuesto, visto desde cada momento histórico que nos ha tocado vivir a los cubanos.

En mi criterio: la cubanidad es la cualidad adquirida de los nacidos en Cuba que por conocimiento, costumbres y sentimientos tienen sentido de pertenencia a su nación, a su historia y a su cultura. La cubanidad emerge en el pensamiento y en el modo de actuar de los cubanos que se sienten vinculados intelectual y afectivamente a su nación y por efecto lo expresan a través de la palabra o la acción. La cubanidad distingue al cubano dentro de la diversidad universal.

Si un coreógrafo cubano a través de su creación danzaria, muestra el arraigo a sus raíces culturales con la intención de definir el movimiento corporal hacia lo autóctono y lo nacional, dicho sea, lo cubano, que lo logre diferenciar de lo que se ha establecido en el arte danzario como de valor universal, entonces, estamos en presencia de una expresión de cubanidad.

La creación danzaria de Ramiro Guerra es un exponente importante de cubanidad, pues él estudió los movimientos de las danzas y bailes populares tradicionales y se percató de que los cubanos tenían cualidades físicas típicas. Extrajo esas formas y les aplicó la técnica *Graham*, logrando la "fusión" (Santiesteban 26) con que orientó sus creaciones danzarias; además el Conjunto de Danza Nacional de Cuba que él fundó y dirigió tuvo entre sus preceptos "El estudio y exploración de nuestro folklore, de nuestras raíces culturales, que dan lugar al surgimiento de una línea cubana", (Hernández 136) que caracterizó el repertorio de la primera etapa del conjunto.

Otros creadores importantes fueron: Gerardo Lastra, Arnaldo Paterson y Víctor Cuéllar que, desde los estudios de la cualidad del movimiento, de la técnica cubana y los temas recreados en la creación danzaria han expresado la cubanidad a través del arte de la danza.

Luego de estas reseñas entonces puntualizo que: la cubanidad en la creación danzaria de Alberto Alonso, se define por su identificación (de saber y de sentir) con la cultura y el arte cubanos, que se evidencia en:

- La exposición de temas que relatan a Cuba desde la ficción o la realidad, allí encuentra el contexto y los motivos para crear.

- Encausa su obra mediante la narratividad, es la vía más próxima para nuevamente producir los hechos naturales y cotidianos del cubano.

- Orienta la expresión de movimiento (que técnicamente procede por la combinación de los lenguajes clásico y folklórico) hacia la reinterpretación de las danzas y bailes populares tradicionales cubanos, con el propósito de subrayar lo cubano.

- El uso del gesto es primordial no solo porque es otra forma que soporta la función comunicativa de la danza, sino porque el gesto en la obra de Alberto significa la síntesis de la conducta quinésica o el lenguaje no verbal del cubano.

- En alusión a la sonoridad se hace acompañar de las composiciones de autores nacionales que trabajan las formas y los géneros musicales criollos, que son coherentes al contexto y al carácter de las danzas que coreografía, también nos hace percibir dichos, refranes y acciones vocales que forman parte de las costumbres.

Alberto Alonso en su creación danzaria defendió lo cubano y como dijera el maestro Ortiz: "lo cubano es lo propio de este país [Cuba] y de su gente" (Suárez 5).

Alberto Alonso y el desarrollo de la danza en La Habana, antes y después del triunfo revolucionario

1. *La danza en la República, en el período de 1947-1959*

En este período, nuestro país continuaba bajo la imposición de los Estados Unidos, gracias a la sucesión de los gobiernos de turno corruptos que ellos mismos se agenciaron y con la implantación de una serie de políticas económicas y medidas administrativas, incapaces de establecer una estrategia de desarrollo para el país; se agudizó el robo (entre otras vías) a través de la concentración de casi la totalidad de las inversiones en obras públicas, la corrupción, la pérdida de las reservas en divisa, el crecimiento desmedido de la demanda del estado y la contracción del mercado interno, lo que condujo al aumento del costo de vida.

Mientras, la población cubana, continuaba sufriendo los problemas económicos y sociales no resueltos, a eso súmele la sugestión ideológica que recibía a través de los medios de difusión masiva, la prensa, la radio, la televisión y el cine, que constantemente se manipulaban, para seducirnos con el estilo de vida moderno y de consumo que logró permear las manifestaciones culturales y artísticas. El pueblo hizo coincidir la práctica de las tradiciones legítimas y de las usanzas extranjeras que, resultaron positivas y negativas en la permanencia de los valores culturales.

Específicamente desde la música y desde la danza, el pueblo hizo confluir géneros musicales-bailables estadounidenses, el *rock and roll*, el *swing*, el *fox-trox* y el *boogie-woogie* con géneros musicales-bailables nacionales, el danzón, el son, la conga y la rumba. A partir de estos dos patrones musicales fundamentales se originaron, la conga-*fox*, la rumba-*fox* y el capricho afro, por citar algunos. Varios estudiosos cubanos consideran que esa fusión de géneros fue un hecho desafortunado; resultaron ser nuevos ritmos que no contenían un gran valor musical, describían una notación simple, sin complejas figuraciones rítmicas, carentes de criollés y casi sin motivos populares, por lo que no trascendieron de ser ritmos de moda, aunque conquistaron el gusto de la población.

En mi opinión, la entrada de estos géneros estadounidenses a nuestro ámbito cultural no fue un hecho totalmente desventurado. Estos géneros son estilos de la música *jazz*, que devinieron en formas de baile y el tipo de orquesta que los interpretaba era la *Jazz band* o *Big band* (banda grande), la orquesta de excelencia que acompañaba los bailables en los Estados Unidos. La *Big band* tiene una estructura y formatos orquestales que luego los músicos cubanos utilizaron para organizar sus propias orquestas y a su vez determinaron un proceso significativo en la composición, orquestación e interpretación de la música cubana. Desde entonces el uso del formato *Big band* indujo la búsqueda hacia nuevos formatos, con los cuáles continúo la evolución musical de nuestro país.

Uno de los músicos cubanos que aplicó esta estructura orquestal fue Dámaso Pérez Prado, por la cual procedieron sus composiciones, esencialmente las del género mambo, el género que él amplió desde los arreglos y la ejecución instrumental, lo estableció y divulgó internacionalmente. Pérez Prado creó tantas composiciones del género, con sonoridades interesantes, que hoy es reconocido como el *"Rey del mambo"*, aunque no fue él quien lo creó; la autoría le corresponde a Orestes López, que, cuando integraba la orquesta Arcaño y sus maravillas, decidió añadirle al danzón un nuevo motivo o montuno, ritmos sincopados de la tumbadora de la música cubana entrelazados con el fraseo de los instrumentos de cuerda, similares a los esquemas que reproducen los instrumentos de viento, característicos de los géneros del *jazz* y a este motivo lo denominó mambo; esta nueva forma de hacer el danzón, nombrada de 'nuevo ritmo' se introdujo en las composiciones del género son y originó la creación del género chachachá.

Ahora me dispongo a puntualizar cómo intervinieron estos géneros en la práctica danzaria. Graciela Chao Carbonero en su libro *De la contradanza cubana al casino*, nos indica que, algunos movimientos del baile de *rock and roll* realizados en posición social abierta, con brazos enlazados, se incorporan al baile chachachá en la figura *"abrir y cerrar"*; esta misma figura luego se introduce como *"pa' ti pa' mi"*[2], en el baile casino (conocido mundialmente como salsa estilo cubano) y en la figura *"enchufla"* (mal uso de la palabra enchufa en el baile), también por influencia de los giros que ejecutaban los rocanroleros; estas figuras hoy son imprescindibles para ejecutar muchísimas figuras que se han creado y para originar figuras nuevas dentro del baile casino, el baile de salón cubano más internacionalizado.

Sólo esto pudo ocurrir por la confluencia de estilos y formas de las músicas y las danzas de Estados Unidos y Cuba.

Lo que sí es innegable es que toda esta coincidencia de estilos, estas nuevas maneras de concebir la música y la danza desde las proyecciones artísticas que se remuneraban, dominantemente en el cine y la televisión, respondían al concepto de promover 'lo comercial', en otras palabras, crear productos artísticos eficaces con el objetivo de generar capital. Infelizmente esto trajo como consecuencia que géneros musicales-bailables, como la rumba y la conga fueron desvirtuados perdiendo su autenticidad, para convertirse en productos que falsamente representaban lo genuinamente cubano, a nivel internacional.

---

[2] La figura *"pa ti' pa mi"*, actualmente en muchos países se le conoce como *"guapea"*, pero es una confusión terminológica erróneamente difundida, porque según como nos explica Graciela Chao Carbonero en su libro *De la contradanza cubana al casino*, los cubanos 'guapeamos' cuando se introducen pasos y movimientos de los bailes de la rumba en la ejecución del baile de la salsa y el casino, siendo una práctica espontánea y no una figura establecida.

2. *La danza vinculada al espectáculo musical*

El espectáculo musical es aquel dónde a la música se le suman distintas manifestaciones escénicas y plásticas, para consumar un mismo espacio de representación y aunque pueden estar conectadas por un guión estructurado, no presentan una carga dramática intensa como ocurre con los géneros teatrales y si hubiese alguna alusión al drama, se mantendría volublemente, disimulada por el uso de efectos fáciles, de gran visualidad y/o sonoridad; por esta razón en la praxis, muchos lo consideran un género frívolo y superficial que sirve sólo para mostrar, pues persigue el pensamiento de los consumidores de lo que es atrayente en el momento. El espectáculo musical (como los géneros revista musical y teatro de variedades) está diseñado para generar el esparcimiento y el entretenimiento del público y la danza que se desarrolla dentro del medio, va a continuar los mismos modelos de representatividad.

En la década del 20 del siglo pasado, se pusieron en boga las parejas de bailes o dúos coreográficos, que acompañaban a las agrupaciones musicales para actuar en espacios dentro y fuera del territorio nacional (una estrategia que desde el siglo XIX aplicaron los circos y los teatros Alhambra y Villanueva para realizar representaciones escénicas de tono ligero, dónde incluían en el espectáculo, entradas de las parejas de baile). Los dúos fueron muy aclamados en ese tiempo y en las décadas posteriores hasta los años 60, (en las décadas del 70 y 80 ya fue decayendo su popularidad), tanto así que hoy aparecen referencias de una amplia lista de parejas de baile, de las cuales cito a: René y Estela; Pepe Becké y Cacha Martínez; Pablito y Lilón, Elpidio y Margot; Juan Puerta y Luana Alcañiz; Roberto Rodríguez y Elena del Cueto; Carmen Curbelo y Luis Correa.

Se conoce que las parejas de baile en su generalidad se inclinaban a danzar los bailes de salón, los bailes populares, las danzas folklóricas, las danzas flamencas y el ballet. Algunas parejas se reconocieron por su apego a lo tradicional, en el caso de otras no se señala qué tipos de danza cultivaron, lo que no implica que todas, en alguna ocasión, hubieran optado por interpretar distintos géneros de la música y la danza cubanas o de otros países, aún cuando existía la oportunidad de firmar un contrato con alguna de las orquestas en apogeo o ante la propuesta de un empresario importante.

Aparece otro grupo de intérpretes que irrumpieron con gran éxito los espacios escénicos de la isla y el mundo, bailarinas solistas que podían prescindir de la presencia de la figura varonil, dotadas de una belleza corporal particular y su talento para la danza, eran eficientes seductoras de grandes auditorios. Se les llamaban *"rumberas"*, *"mamboletas"* y hasta recibían terceros títulos rimbombantes que anunciaban la cualidad preponderante de su ejercicio. Algunas, no sólo bailaban, sino que se destacaban en otras especialidades como el canto, la actuación y la conducción, por ello se les distinguía como *vedettes*. Chelo Alonso *"La bomba h cubana"*; Rita Montaner *"La única"*; Rosita Fornés *"La primerísima vedette"*; Ana Gloria Varona *"Reina del mambo"*; María Antonieta Pons *"El ciclón del Caribe"*; Celeste Mendoza *"La reina del guaguancó"*; María de los Ángeles Santana; Ninón Sevilla; Natalia Herrera y Sonia Calero, fueron artistas que alcanzaron relevancia en este desempeño.

La discriminación racial fue uno de los problemas que afligía a la población cubana desde tiempos inmemoriales, quizás acrecentados en la etapa republicana por las circunstancias de desigualdad de clase, de género y racial que existía en el país. La discriminación se expresaba abiertamente y sin pudor por los sectores privilegiados, sin embargo los negros tuvieron la posibilidad de emprenderse en el área artística; cierto es que les fue muy difícil llegar a las esferas donde se preferían a las personas de tez clara, blanca o mulata y la presencia del negro siempre fue menor; lo que no impidió que en nuestros escenarios actuaran talentosos artistas negros, principalmente en los espectáculos musicales de cabarets, de la televisión, escasamente en el cine y en el teatro, aunque en este espacio por mucho tiempo el negro fue caracterizado. Se gozó de la presencia de artistas de la valía de Assenneh Rodríguez (actriz y comediante musical); Hilda Oates Williams (actriz); Alden Knight (actor y declamador); Olivia Belizaires (bailarina, comediante musical); Idelfonso Tamayo (actor) y las Mulatas de fuego (agrupación de bailarinas y cantantes).

Las parejas de baile y las bailarinas solistas o *vedettes* a la par que trabajaban junto a las orquestas musicales, hacían teatro, actuaban en la televisión y filmaban películas, con el mismo ímpetu se convirtieron en las *"Figuras de la noche"* dentro de los conjuntos danzarios o cuerpos de baile, de los espectáculos musicales que lucían los casinos, los cabarets y los centros nocturnos, centros como el *Montmartre*; el Pico blanco; el *Sheresade*; el Gato tuerto; el Habana *Hilton*; el Capri; el Parisién; el Habana Riviera; el *Pennsylvania*, fueron muy populares, sin dejar de mencionar a *San Souci* y Tropicana, los de mayor competitividad.

Estos centros con sus pequeñas y grandes producciones eran propiedad de empresas privadas, algunas contrataban para la dirección de sus espectáculos a coreógrafos extranjeros; se recuerdan a Jack Cole (norteamericano), Víctor Álvarez (uruguayo) y Carlos Sándor (argentino), mas, fue preciso que a este negocio se fueran insertando los coreógrafos cubanos que iban adquiriendo reconocimiento: Sergio Orta; Roderico Neyra; Armando Suez; Juaquín Riviera; Andrés Gutiérrez; Tomás Morales; Luis Trápaga y Alberto Alonso.

Estos espectáculos permitían incluir el arte de todas las partes del mundo, aunque se conoce que las creaciones danzarias promovían las danzas y los bailes cubanos, lo que es evidente que en la época no fue de interés presentarlos con el rigor de la tradición popular, se presentaban a modo de recreaciones o 'fantasías' como muchos argumentan; yo pienso que haya sucedido por el desconocimiento que había en cuanto a estas manifestaciones populares.

Alberto Alonso como coreógrafo de los cabarets creó: *Caravana musical* (1953) en *Montmartre*; en *Sans Souci* aparecen los títulos *Endoki* (1956) y *Del Charleston al Rock and Roll* (1957); en el Riviera creó *Fiesta en Ritmo* (1958). Ya como director y coreógrafo del cabaret Parisién, cargo que mantuvo dentro de los años 1962 y 1964, originó dos producciones. La primera fue *Frío en el Norte*, caracterizada como una sátira política donde trataba el tema de la emigración hacia los países norteños. La segunda producción tenía como tema el "Reino de los cielos", protagonizada por Gaspar de Santelices (un importante actor de la época) con el personaje de San Pedro, arreglo y montajes de voces por Aida Diestro y Rafael Somavilla.

Algunas producciones manifestaban el género comedia musical, las mismas que Alberto continuó coreografiando para el Capri bajo la dirección de Rogelio Paris. En toda esta labor de creación danzaria para los *shows* de cabaret, el coreógrafo en su perpetuo afán de exponer lo cubano a través del lenguaje de movimiento, combinó las formas clásicas y las formas de los bailes populares tradicionales en la base del acompañamiento de la música cubana, donde prevalecía escenificar los temas cubanos.

Otro espacio imprescindible para la danza, por su novedad y alcance en la difusión, fue la televisión, establecida en el territorio en 1950. ¿Cómo se manifiesta la danza en es este medio de comunicación? La danza que se concibe para la televisión pierde dramatismo y gana en espectacularidad, se produce una danza ligera, asociada a la visualidad, con efectos sonoros, plásticos o desde el cuerpo en movimiento cómodos al entendimiento; una danza rápida, dinámica, sugerente y fluida, por ello la danza se presenta, como segmentos cortos o estampas que irrumpen dentro de los programas recreativos, en gran medida de carácter musical.

Los programas para la televisión también contaron con la participación del Conjunto de bailes del Teatro Radiocentro y el Ballet CMQ Televisión; el segundo, dirigido coreográficamente por Alberto

Alonso a partir de 1952, le dio movimiento al programa *Cabaret Regalías*, después *Casino de la alegría* (el cambio de nombre se debe al cambio de patrocinio, pasó de cigarros Regalías a los cigarros Edén), juntos les dieron término a las creaciones danzarias que cuentan alrededor de 34 piezas. Las más trascendentes para este estudio son *El solar* (1951-1953) y *La rebambaramba* (1957). Ambas creaciones superaron la condición de estampas coreográficas para la televisión, llegando a conformar dos meritorios ballets.

La rebambaramba significó un gran espectáculo danzario para la televisión. El texto original es una composición musical para ballet, escrita por Amadeo Roldán. Alberto Alonso apoyado en el libreto de Alejo Carpentier, se dio a la tarea de darle movimiento a una obra que recrea las festividades en ocasión del 6 de enero, día de Reyes. La obra toma como contexto las escenas de costumbres y sus personajes. Su significación radica en que es un ballet cubano hecho por creadores cubanos y por criterio de la crítica se conoce que la danza evolucionó mediante los códigos de movimiento de ballet, los bailes y las danzas folklóricas cubanas, comprendiendo las costumbres folklóricas cubanas, donde:

> Alberto Alonso ratificó que es el primero de los coreógrafos cubanos, al concebir en movimiento a la obra de Roldán. Interpretó muy bien el argumento y sobre todo, los bailes se ajustaron a la música como expresión plástica del mensaje del autor. Alonso forjó su dinámica y expresiva coreografía sobre la base de lo criollo y lo popular, elevándolo a categoría de legítimo arte. (Giró, (s, f.): párr. 3)

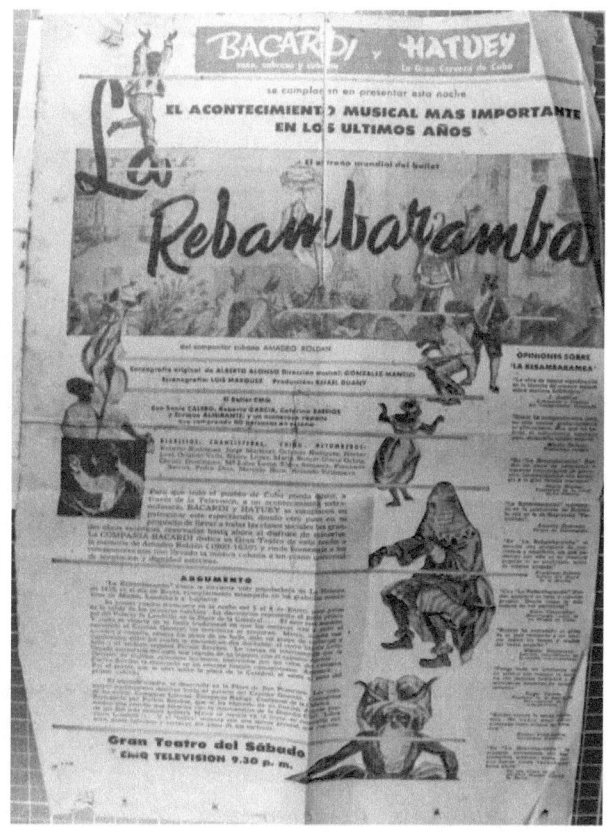

Anuncio del estreno del ballet *La rebambaramba*. Recorte de periódico suelto, encontrado en el Museo Nacional de la Música, en mayo de 2015.

3. *La danza como espectáculo teatral*

La danza como espectáculo teatral, abandona todo carácter de regocijo popular y propiciador de las relaciones sociales humanas, para integrar un amplio medio donde los elementos música, literatura, escenografía, iluminación, utilería, vestuario y maquillaje, se unifican y concluyen la expresión danzaria en la escena. La danza se convierte en una manifestación artística cuya enunciación estimula la relación estética, favorecida por el encuentro de varios factores: el bailarín, la coreografía y el público que, una vez enfrentados, producen el acto fatuo, previamente concebido y meticulosamente organizado. La característica principal de la danza como espectáculo teatral y de todos los componentes que la acompañan es que desenvuelven una idea o conflicto dramático, que provoca la reflexión en los perceptores, a través de la exposición de vivencias, emociones y experiencias, que desentrañan valores (gustos y apreciaciones) en goce o rechazo estético de la obra danzaria.

En este mismo período (1947-1959) se comienzan a realizar una serie de acciones dirigidas a instaurar la danza como espectáculo teatral, por parte de instituciones privadas y públicas, donde se van sentando las bases para la formación profesional de bailarines, profesores, coreógrafos, técnicos de la escena, investigadores y se comienza la divulgación necesaria para desarrollar la danza como manifestación artística genuina en nuestro país.

Se establecieron academias de ballet que en su mayoría funcionaban asociadas a los centros educacionales; la más importante por su repercusión en la historia de nuestra danza es la escuela de ballet que se fundó en la Sociedad Pro-Arte Musical de La Habana. Pro-Arte, como muchos le llamaban, fue una institución primordial para el auge del arte musical y el arte danzario en nuestro país; siempre supo organizarse internamente como institución y gestionar la visita de los mejores talentos artísticos del momento. En el caso de la danza, el Ballet Ruso de Monte Carlo, el *Ballets Jooss*, el *Ballet Theatre* y la Compañía de *Martha Graham*, fueron conjuntos que el público disfrutó y con su presencia estimularon la actividad que venía realizando la escuela, fundada en 1931. Desde sus inicios se organizó como academia, más tarde continuó con la realización de los espectáculos y celebró años después, los festivales de ballet, ideados y realizados por Alberto Alonso cuando se desempeñaba como profesor, coreógrafo y director de esta institución, en los primeros años de la década del 40.

El objetivo propuesto con la fundación de la escuela de ballet no fue la formación académica de bailarines profesionales, pero a largo plazo eso fue lo que sucedió, de ahí surgieron Alberto, Fernando y Alicia Alonso[3], los primeros cubanos que consiguieron ser bailarines de profesión y lograron ser primeras figuras de compañías de ballet extranjeras, célebres dentro del mundo de la danza.

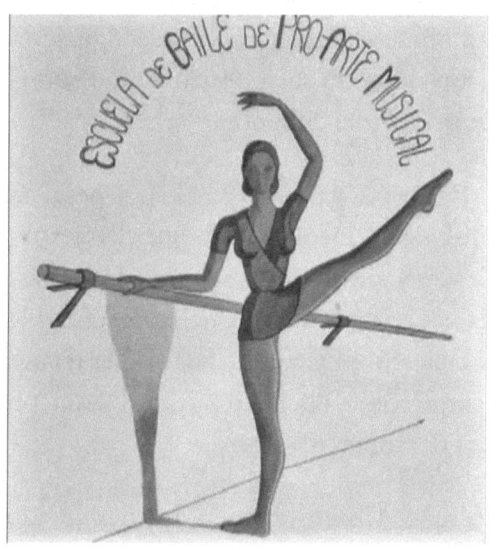

Fotograma tomado del documental *Danza de mi corazón* (2007).

En el marco de la escuela de ballet de la Sociedad Pro-Arte Musical de La Habana da comienzo la actividad artística como creador de Alberto Alonso; allí le dio cuerpo a un sinnúmero de creaciones danzarias interdisciplinares de sobrada calidad, conformadas con lo mejor del repertorio clásico tradicional y con mayor repercusión para nuestra historia se concretaron puestas en escena cubanas.

---

[3] Alberto y Fernando eran hermanos, por eso tenían el mismo apellido 'Alonso'. Alicia adquiere el apellido al contraer matrimonio con Fernando, el hermano mayor; antes, en su condición de soltera, se llamaba Alicia Ernestina de la Caridad del Cobre Martínez del Hoyo.

La más alta empresa de esas creaciones fue *Antes del Alba* de 1947, con diseño escénico de Carlos Enríquez, compuesta musicalmente por Hilario González y la participación danzaria de Alicia y Fernando Alonso. Estrenada el 27 de mayo del mismo año en el Teatro *Auditórium*, considerado el primer ballet cubano, donde por vez primera se enunciaba algunos de los problemas sociales que aquejaba la clase desfavorecida de nuestro país. Lo trascendente fue que Alberto con esta obra, intentó definir un lenguaje escénico y artístico de nivel alto, sin dejar de ser popular y que revelara la cualidad del movimiento corporal del cubano.

> Esa obra, [*Antes del Alba*], a pesar de su eclecticismo, significó algo insólito, pues en ella llevaba por primera vez a la escena la problemática social cubana y en lo formal intentaba expresar nuestra herencia afro y los ritmos de nuestros bailes populares a través de la técnica clásica. (…) De ahí surgieron los primeros trabajos que prosiguieron ese camino. (Cabrera 2011 82)

Así lo hizo Alberto Alonso, introduciendo por primera vez en Cuba, en una obra danzaria-teatral, los bailes folklóricos o populares tradicionales.

> Alberto hace la revolución de la temática cubana al subir a escena *Antes del Alba* y además hace la revolución formal (…) utilizando por primera vez una conga escrita para ballet, un bolero y el bote (baile popular de moda de la época) y una rumba columbia (…). *Antes del Alba* fue el glorioso arranque del movimiento nacionalista cubano en la danza. (Ozete 31)

Este ballet en su esencia artística fue muy revolucionario para la época y bien distante de representar los intereses de la burguesía que tutelaba a la Sociedad Pro-Arte Musical y a su escuela de ballet, por supuesto fue totalmente rechazado por los asociados a la institución, sin embargo, aclamada por estudiantes universitarios, por profesionales e intelectuales y por los más humildes, los que se vieron representados.

Con *Antes del alba* los Alonso comprendieron que ellos poseían las herramientas necesarias para emprender un nuevo camino; tenían juventud, deseos de hacer y una experiencia profesional, sustentada en el alto nivel de su formación y superación práctica-artística. Decidieron enfrentar el gran reto de sus vidas que devino en la fundación de la primera compañía profesional de ballet en Cuba, sucedió el 28 de octubre de 1948 junto a bailarines formados en la escuela de ballet de Pro-Arte y otros que provenían del Ballet *Theatre*. En su momento el Ballet Alicia Alonso (en 1955 pasó a ser Ballet de Cuba), con el cual se logra asentar la danza teatral como una de las manifestaciones artísticas de las más respetadas y aclamadas por la audiencia, fue, lo que hoy constituye el Ballet Nacional de Cuba.

Refiriéndome a otras agrupaciones, en 1949 surge el Grupo de Danza de la Escuela *Kindergarten*, luego Grupo Folklórico Cubano (1957) bajo la dirección de Martha Blanco de Ocampo. Su mérito permanece en haber sido una de las primeras agrupaciones que se empeñó por presentar formalmente en escena los bailes cubanos, con los que logró conformar su más acabado proyecto, el espectáculo *Así es mi Cuba* (1958). La actividad del grupo fue interrumpida, se vieron obligados a dejar la escena por las luchas que estaba librando nuestro pueblo en la fecha.

En 1959 se funda bajo la tutela de Ramiro Guerra el Conjunto Danza Nacional de Cuba que, a partir de la danza moderna norteamericana, perseguía llegar a un estilo de danzar conformemente cubano, mediante una técnica distintiva, que resumía nuestros bailes y danzas folklóricas. *Mulato, Mambí, El milagro de Anaquillé, Rítmicas, Suite yoruba*, entre otros títulos, fueron creaciones danzarias que ya mostraban la tendencia por lo propio, por lo autóctono que, poco a poco los guió a conformar la danza moderna cubana, que resume la afluencia de varias técnicas y estilos, traídos a nuestro contexto cultural.

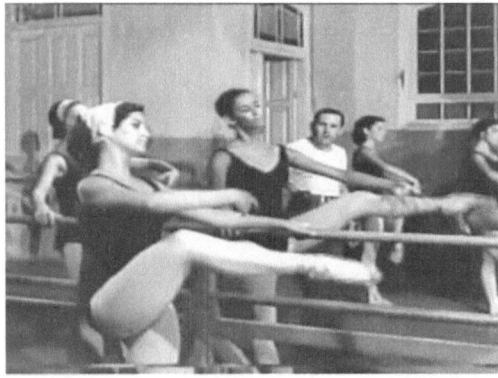

Ballet Alicia Alonso. Fotograma tomado del documental *Fernando es la danza*.

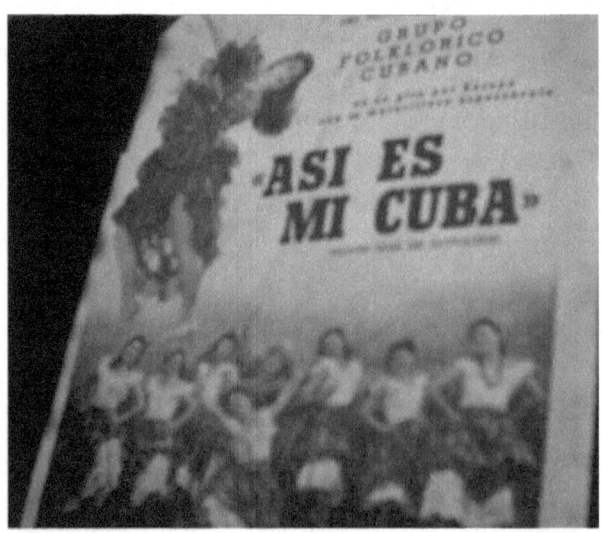

Grupo Folklórico Cubano. Foto donada por la bailarina Sara Lamerán en el año 2005.

Un día en el solar

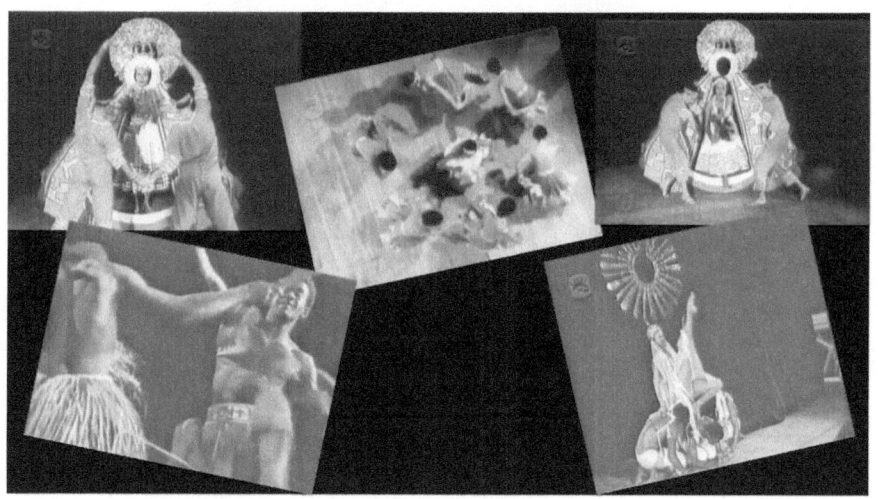

Suite yoruba. Conjunto Danza Nacional de Cuba. Montaje de fotogramas tomados del filme *Historia de un Ballet* (1962).

4. *La danza en el periodo revolucionario, desde 1960 a 1965*

La situación desfavorable que vivió nuestro pueblo durante la República solo tuvo respuesta en beneficio de la nación, con la alternativa revolucionaria que impulsó el Movimiento 26 de julio, que logró establecer el triunfo revolucionario en enero de 1959, tras un crecido proceso de luchas que sostuvo nuestro pueblo, guiado por el líder histórico Fidel Castro Ruz. La Revolución emprendió la reconstrucción de nuestro país, se propuso eliminar los problemas económicos y sociales de antaño e instauró una sociedad socialista con la inserción de todo el pueblo sin distinción de raza, de género, ni procedencia social.

Los cambios fueron en las áreas de la salud, la educación, la agricultura, las ciencias, etc. y tuvieron un tratamiento especial el deporte y la cultura. En beneficio del arte, se le da apertura al desarrollo de las manifestaciones artísticas, con la creación de instituciones normativas y de centros de enseñanza a lo largo y ancho de todo el país. El arte que nacía con la Revolución debía contribuir a la preservación de las tradiciones culturales nacionales, a elevar el nivel cultural-intelectual de los cubanos y a la defensa de la patria, entre otras exigencias que iban aparejadas al sistema nuevo que se fue implementando.

En este período de transición entre el sistema capitalista y el socialista se continuó con la fundación de conjuntos danzarios, que, siguiendo los preceptos de la Revolución, todos se inclinaron, por hallar el modo justo de bailar del cubano, a través de la indagación y exploración del movimiento corporal. Nacieron así tantísimas obras que asumieron la danza como espectáculo teatral donde Cuba emerge como tema central. Debo puntualizar que estos conjuntos colateralmente al ejercicio artístico debían formar y entrenar a sus bailarines, casi todos provenían de diferentes sectores que vinculados al medio o no, siempre su desempeño anterior distaba de las características y necesidades del nuevo grupo al cual se incorporaban.

La carencia de bailarines se logró remediar con la creación de la Escuela Nacional de Danza en 1965 (luego se crearon el Instituto Superior de Arte (1976) y en los años posteriores las Escuelas Vocacionales de Arte y las Escuelas Profesionales de Arte, siguiendo el mismo propósito en niveles de enseñanza distintos), que a través del trabajo artístico-pedagógico cometido, se comienzan a graduar bailarines con una formación académicamente perfeccionada, ellos integraron los cuerpos de baile de las compañías que ya existían y de las que fueron surgiendo.

En 1960 se organiza el Conjunto de Danzas de Alberto Alonso, tristemente no se tiene mucha referencia de su quehacer hasta el momento, pues la obra *Cimarrón* (1960) es la única evidencia que quedó registrada de su presencia; según el periódico *Revolución* se presentó en función única en el Teatro *Auditórium*, durante el Tercer Congreso COTAL [Confederación de Organizaciones Turísticas de América Latina], celebrada en esa ocasión en la capital.

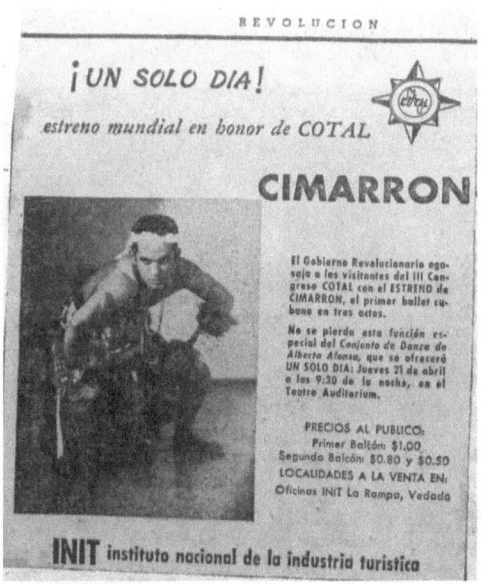

Anuncio de la obra *Cimarrón*. Recorte de periódico encontrado en el Museo de la Música, en mayo de 2015.

Otra agrupación danzaria, también fundada y dirigida por Alberto Alonso a partir de 1961, fue el Conjunto Experimental de Danza de La Habana; funcionó como una institución artística que perseguía lograr un "lenguaje danzario nacional" (Alvarado 23), un nuevo lenguaje danzario que manifestara la expresión de lo cubano, en busca de mostrar a través del arte de la danza el universo espiritual de los individuos de nuestra sociedad, su comportamiento cotidiano, en un contexto cultural determinado, a tono con la época y la realidad que les circunda.

Las creaciones danzarias que el conjunto escenificó evidenciaron cierta particularidad en el movimiento corporal que los diferenció de otros conjuntos simultáneos, según el criterio de algunas de sus bailarinas. Su danza se caracterizaba por usar "las posiciones cerradas en piernas y brazos, la acentuada sensualidad en el desplazamiento y principalmente en el ondular de caderas y hombros" (Alvarado 21).

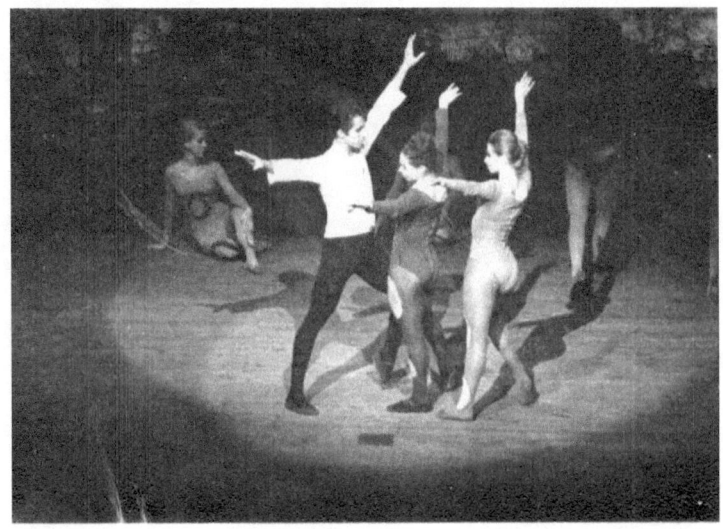

Estudio rítmico (1962). Foto del Conjunto Experimental de
Danza de La Habana, donada por Gladys Alvarado, una de sus bailarinas.

El conjunto debutó en 1962 en el Teatro García Lorca con el programa siguiente: *Estudio rítmico; Sensemayá; Misterios I, II y III* y *Forma, color y movimiento*. Con ese mismo impulso se concibió la obra más significativa para el conjunto, *El solar,* estrenada el 4 de marzo de 1964, con la cual obtuvieron el reconocimiento nacional e internacional; este mismo elenco artístico realizó la comedia musical *Mi solar* y la película *Un día en el solar*.

El Conjunto Experimental de Danza de La Habana apenas duró unos años, sin embargo, fueron años de próspera labor artística donde la experimentación fue la palabra clave, para realizar obras representativas del arte cubano. El sentido de pertenencia y de identidad que regía la actividad artística del conjunto, les confirió el éxito de público, pero también de la crítica; quizá por el elevado nivel de las presentaciones y también porque estaban a la salvaguarda de los valores culturales nacionales y este era uno de los principios de la política cultural que impulsaba la Revolución cubana.

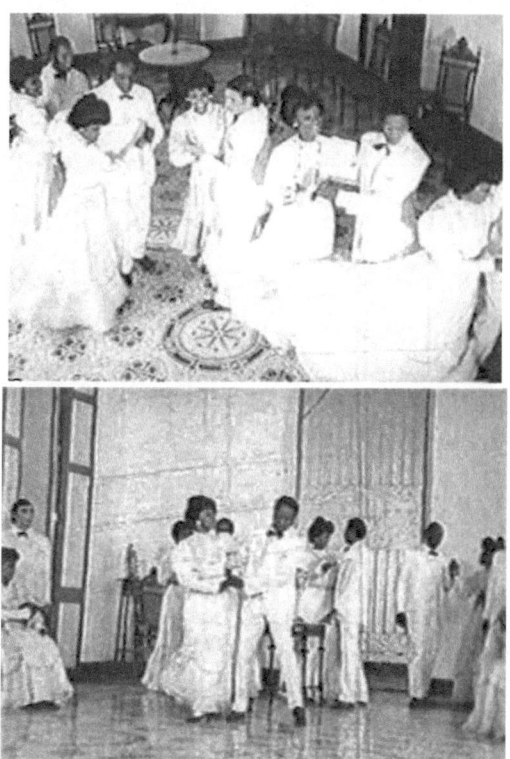

Conjunto Folklórico Nacional de Cuba. Fotogramas tomados del documental *Carnet de Baile*.

En 1962 Rodolfo Reyes Cortés y Rogelio Martínez Furé instituyen el Conjunto Folklórico Nacional de Cuba, que tuvo como principios investigar y revalorizar las manifestaciones musicales y danzarias de nuestra cultura popular, para conformar espectáculos teatrales y con ello, comenzar la educación artística del pueblo, poniendo en sus manos las expresiones folklóricas más distintivas de la cultura cubana.

Con la colaboración de los informantes (personas que tenían vasto conocimiento de bailes, cantos y toques) y la actuación de sus integrantes, practicantes de las manifestaciones tradicionales de antecedente congo, yoruba, abakuá; también se desenvolvían como rumberos, comparseros o bailadores populares y con la guía del equipo técnico-artístico, se concibieron las obras *Palenque, Tríptico oriental, Alafín de Oyó* y los distintos *Ciclos* de bailes que hasta el presente completan el repertorio de la compañía; al que se le fueron incorporando nuevas obras que contenían muchas manifestaciones en aquel momento totalmente desconocidas y gracias a las investigaciones que se realizaron, se lograron rescatar y se llevaron a escena. El Conjunto Folklórico Nacional fue y continúa siendo la institución insigne de Cuba, que desarrolla el lenguaje folklórico o popular tradicional.

A instancias de la programación televisiva urgente y renovada de principios de la Revolución, se crea en 1963 el Ballet de la Televisión Cubana. En este medio se exigían bailarines que se movieran dentro de distintos lenguajes danzarios, clásico, moderno, del espectáculo musical y folklórico. Para ello su coreógrafo y director Luis Trápaga aplicó la técnica básica que se fundamenta en la percusión cubana, la rumba y otros bailes populares cubanos, conjugada con la técnica de la danza moderna-contemporánea y la danza-*jazz*. La técnica básica no solo fue un método de entrenamiento para bailadores aprendices de bailarines, influyó en los procesos de creación danzaria de muchos creadores, en una práctica extendida por años, que logró modos de expresión danzaria dentro del universo del espectáculo musical.

5. Trascendencia de la creación danzaria de Alberto Alonso

En este ámbito artístico-cultural continuó la carrera de Alberto Alonso, entregándose por entero a crear danza y sin temor a incursionar en el teatro, el cabaret, la televisión y el cine. Desempeñarse tanto en la danza vinculada al espectáculo musical y en la danza como espectáculo teatral, hizo de su creación danzaria una nueva expresión de movimiento; los hechos indican que no estuvo ajeno a la época en que vivió, donde no pocos de los creadores de danza querían demostrar la manera de bailar del individuo cubano.

Para Alberto Alonso venir del mundo del ballet y traer consigo un reconocimiento internacional, le dio cierta primacía con respecto a otros coreógrafos. Desde su regreso a Cuba recibió muchas ofertas de trabajo que le abrieron las puertas al desarrollo de la creación danzaria y lo más interesante es que lo hizo en diferentes espacios escénicos; no sólo porque crear para tantas instituciones heterogéneas constituyó un reto irrefutable para posicionarse como artista y creador, en más, era una vía importante para su sustento económico. Estas son las razones por lo que lo encontramos aquí y allá, en todas partes y a todos los espacios artísticos con los que laboró, les tributó superación y éxito, en efecto, fue conquistando el respeto y el reconocimiento que le valieron muchos premios y galardones. (Ver anexo 1, pág. 129).

A su vez él sentía la necesidad de tener un espacio autónomo donde poder experimentar todas las inquietudes que tenía desde el punto de vista de la creación danzaria y que no le era posible consumarlas en las compañías de ballet, ni de la televisión, ni de los cabarets; por ello creó el Conjunto de Danzas Alberto Alonso, que tuvo poca duración, desintegrándose por razones que no están esclarecidas. Luego organiza el Conjunto Experimental de Danza de la Habana que contrariamente al primero, este sí duró aproximadamente 6 años, pero por decisión propia de Alberto, se desintegra, para que los que estuvieran dispuestos se incorporaran al elenco del Teatro Musical de la Habana, en el momento que él aceptó la dirección de la compañía.

En esencia Alberto Alonso se distingue del resto de los creadores porque supo utilizar las técnicas de movimiento y estilos de danza que estaban en auge, dígase estilo clásico de ballet; estilo moderno de ballet; técnica de la danza moderna; danza-*jazz*; danza y baile populares (nacional o foráneo) y todas las concluyó en un "lenguaje coreográfico depurado, exacto y entendible" (Entrevista a Gladys Alvarado); pero el hecho no fue que él sintetizó todos estos estilos para llegar a lo que hoy yo, defino como su poética danzaria, sino que él supo utilizar cada y uno de esos estilos en correspondencia con un contexto específico y a fin a lo que pretendía expresar, Alberto tuvo la competencia y la versatilidad para con esos estilos de danza realizar creaciones danzarias.

Se ocupó de presentar a través de sus creaciones danzarias todo acontecimiento social, fuera antes o después del triunfo de la Revolución cubana. Le llamó la atención recrear en la escena situaciones sociales, diferentes modos de vida, las tradiciones, las alegrías y las tristezas de nuestro pueblo, así como también se inspiró en las grandes obras de la literatura universal.

Fue el primer coreógrafo cubano que le dio presencia a la vertiente negroide de nuestra cultura en su creación danzaria de corte teatral. Y quiero hacer una pausa para argumentar esta afirmación. La cultura cubana se fundamenta en dos vertientes primarias, la hispánica y la negroide o negra, aportada por los africanos que forzosamente se trasladaron a nuestra arena, como mano de obra esclava.

Su influencia cultural puede ser advertida en los alimentos, en la cocina, en el vocabulario; en la verbosidad, en la oratoria, en la amorosidad, en el materialismo, en la descrianza infantil, en esa reacción social que es el *choteo*, etc.;

pero sobre todo en tres manifestaciones de la cubanidad: en el arte, en la religión y en el tono de motividad colectiva. (Suárez 36)

Desde los tiempos de la Colonia el blanco español se convirtió en un opresor desmedido para el negro esclavo, siempre entorpeciendo todas las esferas de su existencia. Las expresiones culturales negras fueron separadas y tratadas con recelo por parte de los patrones, que, en sus ansias separatistas de distanciarse y distinguirse como la raza superior, siempre encontraban, sin valor, todo o casi todo lo que provenía del negro, aunque fuese ya un resultado 'amulatado' (mestizo).

Por ende, todas aquellas músicas y danzas practicadas en la Isla, que tuvieran origen en esta vertiente, fueron excluidas y marginadas; Ej.: El son (en su momento suscitó frases como: "ritmo de negros y blancos sucios", publicada en el periódico *Diario de la Marina*[4]) y el danzón (sus cultores, que eran músicos negros y mulatos fueron perseguidos durante el período de guerra, hasta que finalmente con la independencia de Cuba del colonialismo español se terminó con su restricción), son géneros que resumen elementos hispánicos y africanos, son netamente cubanos y se llegaron a excluir de los salones de baile social, por tener procedencia y ser practicadas por los estratos sociales vulgares.

En una fecha tan temprana como 1947, introducir en las creaciones danzarias los temas, las músicas, las danzas y los bailes folklóricos, que eran practicados por los negros y los pobres, fue de una heroicidad extrema para Alberto Alonso, ya que era blanco y proveniente de una clase adinerada, sin embargo, su intelecto y conceptos artísticos estaban fuera de cualquier actitud discriminatoria, por

---

[4] Este dato lo expuso el músico y compositor Tony Pinelli en una de las emisiones del programa televisivo *América TeVé*, en el segmento: "De lo que habla Pinelli", donde se argumentan temas culturales y artísticos cubanos. https://www.youtube.com/watch?v=qro2r5uk-Zc&t=27s

eso se ocupó de investigar esas manifestaciones e introducirlas en la escena, siendo un hecho más que memorable, presentar además, los instrumentos de percusión, los tambores batá, que musicalizaban parte de sus representaciones.

Alberto mostraba cierto desapego por los intereses de la clase social a la cual él pertenecía, por el contrario, sentía una gran fascinación por escenificar las dificultades e inquietudes de la clase humilde de la sociedad, que impulsaron muchas de sus creaciones. Si preciso era mostrar al hombre y a la mujer cubanos comunes, preciso fue tomar como escenario de representación su universo: el lugar de residencia, el lugar de trabajo, el lugar para socializar, etc., por ser centros plenos de prácticas populares vivas.

Alberto se convirtió en un promotor consecuente de esa herencia popular, negra, pero que ya era cubana, en sus diferentes expresiones. Esta introducción de las manifestaciones musicales-danzarias de origen negro, lo hizo en las obras de teatro para ballet, luego la extendió a los espectáculos realizados para los conjuntos danzarios de cabaret, también para las obras de los conjuntos danzarios de la televisión y de ahí en adelante para los espectáculos de las siguientes instituciones para las que creó.

Él hizo de la rumba y sus géneros una especial apropiación que se tradujo en un elemento frecuente en su creación escénica-artística. Alberto comprendió que el canto, el toque y el baile rumberos son máxime significantes de la idiosincrasia, del comportamiento y del sentir de la mujer y el hombre cubanos y que en la rumba se manifiesta quizás de modo más natural y espontáneo; la rumba, emplazada en el solar, a partir de como él nos la dejó figurada, no ha dejado de ser un recurso escénico recurrente en la escena teatral y danzaria cubana, abordar la rumba, vino a ser inspiración de incontables creaciones danzarias de otros coreógrafos y esta inspiración aún se encuentra vigente en nuestros días.

Gracias a su participación en el quehacer artístico de otras compañías de danza del mundo, recibió todas las influencias en cuanto al arte escénico se refiere. En el ballet se comenzaba a incorporar la «cultura popular tradicional» de los pueblos en tendencia hacia el nacionalismo. Siguiendo ese mismo camino, Alberto impulsó el ballet en Cuba hacia la búsqueda de una expresión danzaria que nos distinguiera; ese primer impulso, junto a la intensa colaboración de otros creadores cubanos alcanzó, a gran escala, la definición de la Escuela Cubana de Ballet.

En Cuba fue formador de varias generaciones de bailarines. Influyó en la formación de actores, de comediantes musicales y de coreógrafos de ballet, dentro de los que se destacan Iván Tenorio, Alberto Méndez, Adolfo Vásquez, Gustavo Herrera y Pedro Díaz Reyes. Otros coreógrafos también reconocen que la obra de Alberto es un referente fundamental para la creación danzaria que ellos realizaron, entre ellos se destacan, Tomás Morales, Andrés Gutiérrez, Santiago Alfonso, José Francisco Chávez (Ron Chávez) y Rafael Hernández.

Hombre de una cultura intelectual vastísima, todo ese caudal lo volcó en su creación danzaria, permitiéndole crear acontecimientos escénico-danzarios de gran nivel artístico que le procuró, al arte danzario cubano el reconocimiento internacional, por ello se considera que Alberto Alonso es uno de los coreógrafos más significativos del pasado siglo XX.

Un día en el solar, concreción de una poética danzaria

La Comedia musical. Introducción y establecimiento como género cinematográfico

La comedia es una de las variantes del drama griego. Los temas sugieren problemas de individuos comunes de una sociedad que luchan por superar las trabas que le impiden alcanzar su realización dentro de la misma; este, por lo general, es el conflicto dramático que en ella se manifiesta, refiriendo tipos de individuos de moral nada envidiable, el vanidoso, el charlatán, el embustero, el astuto, el tímido enamorado, etc., mostrando sus defectos y debilidades que sobrepasan los límites de tolerancia, colocándolos en ridículo y en tono humorístico y risible; casi siempre el desenlace de la historia es feliz, pero con un propósito moralista.

> La comedia no tiene necesidad de buscar en un fondo histórico o mitológico; está consagrada a la realidad cotidiana y prosaica de los humildes: de ello provienen su capacidad de adaptación a todas las sociedades, la diversidad infinita de sus manifestaciones y la dificultad de formular una teoría coherente acerca de ella. (Pavis 1998 72)

La comedia musical evolucionó durante un extenso período de tiempo, desde el siglo XVI al siglo XIX. Ha trascendido por varios procesos artísticos vinculándole a otros tipos de espectáculos y recibiendo distintas denominaciones en diferentes regiones del mundo, tales como, *Commedia dell'Arte* en Italia, *Opérette* en Francia y *Music hall* en Inglaterra. El siglo XIX marcó el incremento del «negocio del espectáculo», en otras palabras, el mercado promueve el negocio del espectáculo para el entretenimiento popular, sin detenerse en auténticos valores artísticos.

Ya en el siglo XX en los Estados Unidos de América, la comedia musical en su nueva expresión, toma de la *Opereta*, el *Burlesque* y la Revista musicales, definiéndose paulatinamente desde 1880 a

1930 una especie de gran espectáculo de entretenimiento, caracterizado por el liberalismo y el orgullo popular característico del nuevo siglo que comenzaba.

Con la creciente modernización de los "Felices años veinte" y la popularización de los nuevos inventos: la radio y la televisión, hicieron que estos espectáculos teatrales de carácter musical decayeran y ganaran en popularidad la animación, los programas televisivos y la cinematografía. Esta última, hacia la década del 30 con la invención del cine sonoro, toma para sí la comedia musical, ampliándola y estableciendo el género para cine. Esta nueva invención propició sincronizar la música con la proyección de imágenes, introdujo otras sonoridades y/ o efectos de sonido y realizó adaptaciones de producciones teatrales de comedia musical preliminares a montajes fílmicos.

Hoy se cuenta con innumerables comedias musicales como género cinematográfico, producidas por muchísimas compañías de cine, el impulso mayor en el establecimiento de este género lo realizaron compañías norteamericanas. Algunas de las producciones de las más populares que anteceden la obra en análisis son: *¡Copacabana (1947), Singing' in the rain (1952), Gentlemen Prefers Blonde (1953), West side story (1957) Blue Hawaii (1961), Girls! Girls! Girls!* (1962) y *Viva Las Vegas* (1964).

En Cuba se realizó mucho cine de diversos géneros cinematográficos, antes y después del triunfo de la Revolución. *Un día en el solar* fue la primera producción de género comedia musical en nuestro país. Constituye el primer largometraje de ficción rodado a colores que se realizó en el ICAIC [Instituto Cubano de la Industria Cinematográfica], con formato cinemascope, de idioma español con duración de 86 minutos. Realizado por Eduardo Manet quien escribiera el guion junto a Julio García Espinosa, sobre los textos antes elaborados para el ballet de Lisandro Otero que escribió igualmente la letra de los temas musicales, composición y dirección musical de Tony

Taño, con idea original y coreografía de Alberto Alonso. Esta película se proyectó por primera vez, el 26 de Julio de 1965.

El Solar ¿Ballet, Comedia Musical o Largometraje?

Curiosamente el vocablo 'solar' nombró tres producciones artísticas diferentes. Alberto Alonso tuvo la motivación de representar la vida en un solar para coreografiar una pieza; esta original idea que venía procesándose desde 1951, junto a varios de los conjuntos danzarios con los que trabajó (el Conjunto de bailes de Teatro Radiocentro, el Ballet CMQ Televisión y el Cuerpo de baile del Cabaret *Montmartre*), también le dio cuerpo a mayores empresas, en los que participaron otros artistas que, inspirados en el texto preliminar, se unieron a Alberto para darle riendas sueltas a la creación.

Así surge el ballet *El solar* (1964), la comedia musical *Mi solar* (1965) y El filme de género comedia musical *Un día en el solar* (1965). El filme se rodó antes que se concibiera la comedia musical teatral, pero el mismo proceso de postproducción hizo que se exhibiera, por primera vez, luego del estreno de la comedia en el teatro.

El ballet *El solar*

Junto a Solistas y el cuerpo de baile del Conjunto Experimental de Danza de La Habana, Alberto Alonso realizó el ballet *El Solar*. La composición musical estuvo a cargo de Gilberto Valdés, interpretada por la Orquesta Sinfónica Nacional, bajo la batuta de Manolo Duchesne Cuzán; guión de Lisandro Otero; vestuario de Eduardo Arrocha y escenografía de Rubén Vigón. El ballet se estrenó el 4 de marzo de 1964 en el Teatro Mella.

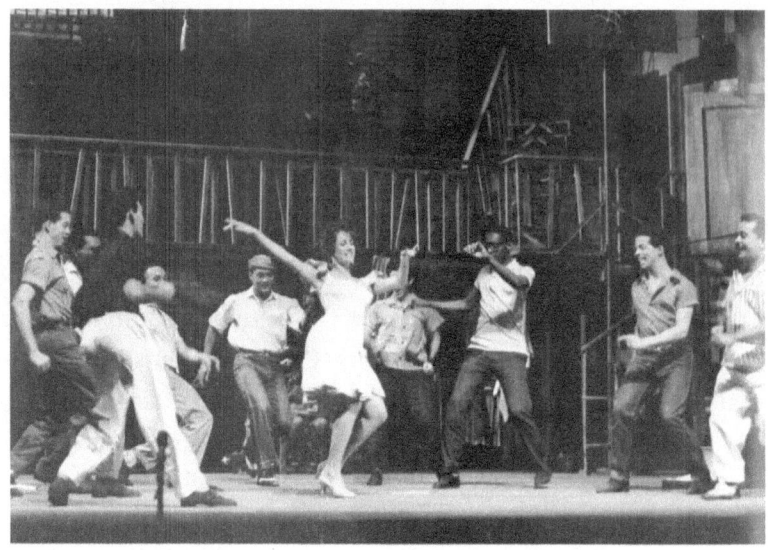

Foto tomada del expediente de *Un día en el solar*, dentro de los archivos de la Cinemateca de Cuba.

Esta obra danzaria de concepción moderna fue un ballet de un acto, que se aproximaba a los cuarenta y cinco minutos de duración. Estaba estructurado en varios cuadros, mañana, tarde y noche, dispuestos por El onírico, La cola del agua, Las lavanderas, El baile de la escoba, La marcha y La rumba ¿Qué acontece en el ballet? "La vida de los hombres y mujeres que habitan un solar habanero de los años sesenta, sus tipos, amores y contradicciones con los cambios sociales de la época, narrado en un tono ligero, donde el humor criollo matiza cada suceso." (Alvarado 24). El ballet estuvo en escena largas temporadas, dentro y fuera de la capital teniendo éxito definitivo, así lo abalan algunas críticas de la época:

> "*El solar*" es, de entrada, el mejor espectáculo que puede verse hoy en La Habana p.m. Un espectáculo tan cubano en sus raíces que es por lo mismo poderosamente universal (…) y lo que prima en cada momento, la maravillosa

(no es un lugar común, de veras es ma-ra-vi-llo-sa) coreografía de Alberto Alonso. (Quiroga 15)

En su forma actual *"El solar"* marca un punto más alto en el intento de crear una expresión danzaria nacional, culta, nutrida, según hemos apuntado muchas veces del baile cubano. El empeño ha tenido en Alberto Alonso, un cultor apasionado (…) Ahora, tras numerosas acometidas, más o menos afortunadas, cuaja, al fin, en *"El solar"*, un ballet integrado por los diversos factores materiales del solar (…) La expresión de los diferentes momentos de la anécdota y de las peculiaridades de los personajes está lograda felizmente, en una coreografía elaborada sobre motivos musicales y danzarios populares. Esa coreografía, en íntima fusión con las actitudes, los ademanes, los gestos, los modos de los personajes, posee una enorme riqueza de formas. Se logra así una vigorosa unidad de expresión raigal nuestra, genuina transposición en términos estéticos de los bailes como vehículo de las características de costumbres y módulos vitales de un sector del conglomerado social cubano. (Rodríguez 1964 párr. 2)

En *"El solar"*, la síntesis se dio cita: lo negro, lo popular estaba allí, lo blanco también, tanto en lo temático como en lo danzario. El mundo sensual, ruidoso, contradictorio, apasionado que encontramos en la calle, en la guagua, a cada paso, había subido a escena. Y, algo fundamental, "subida" mediante una transformación artística.

El avance de nuestro Ballet y de nuestra Danza (tanto moderna como folklórica) es realmente admirable y ha obtenido ya un reconocimiento internacional, pero el aporte de *"El solar"* nos lució, desde el primer momento, que pertenecía a otra dimensión: aquella que enlaza lo cotidiano y lo profundamente nacional a una plena expresión genérica y trascendente. (Manet 2)

El éxito que *El solar* alcanzó en Cuba, en no pocas ciudades de la Isla, se extendió con una gira internacional durante cinco meses por los países Francia, Polonia, Alemania y la antigua Unión Soviética, formando parte del elenco del *Gran Music-Hall de Cuba*, junto a importantes artistas del país, Los Papines; Georgia Gálvez; Pello el Afrokán y su orquesta; Elena Burke; José Antonio Méndez y La orquesta Aragón; bajo la dirección artística de Rogelio Paris.

Le Monde, France soir, Jours de France y *L' Humanité* fueron publicaciones periódicas que dieron renombre a *El solar* al contrastar nuestro ballet con una de las producciones más gloriosas de la comedia y del cine musical en norte América: "con una docena de bailarines-actores muy a lo *West Side Story*, este ballet evoca la vida de todos los días en La Habana y cierra admirablemente la velada" (Alvarado 24).

Quizá este notable reconocimiento que obtuvo el ballet impulsó a Alberto Alonso a realizar la adaptación de este para Teatro musical, dándole una nueva práctica a su creación danzaria.

Mi solar, comedia musical para teatro

Luego de que Alfonso Arau abandonara la dirección del Teatro Musical de La Habana, esas funciones fueron delegadas en Alberto Alonso en su nueva organización. Alberto amplió el ballet *El solar* a otra manifestación de la escena, realizando la comedia musical para teatro *Mi solar*, con música de Tony Taño, que en principio se regía por el mismo texto que le dio brío al ballet y al filme, estrenándose el 25 de marzo de 1965.

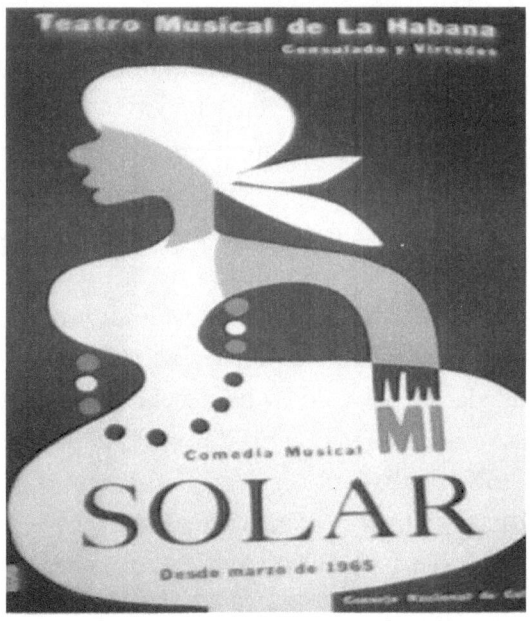

Cartel de la obra *Mi solar*, que se encuentra en los archivos de la Biblioteca Nacional de Cuba.

Para conformar la producción teatral se hicieron varias adaptaciones: La banda sonora es la misma de la película, pero se escribieron nuevos temas musicales; se introdujeron escenas con parlamentos y nuevos personajes; también se crearon nuevas coreografías sobre las ya elaboradas, pero en esencia la historia que se muestra es la misma. Era un espectáculo teatral dividido dramáticamente en dos actos (Ver anexo 4, pág. 133), que igualmente obtuvo mucho reconocimiento.

"Mi solar" aventaja a *"El solar"* como entretenimiento, porque el dejo crítico con un fino acento caricatural que anima a ambas creaciones tiene superior expresión hilarante en la palabra hablada y en el canto. Es *"El solar"* obra de más acrisolados quilates estéticos, pero *"Mi solar"* posee mayor dimensión como divertimento, por dos razones esenciales: las situaciones y el diálogo, que Lisandro Otero ha sabido

articular con muy agudo sentido teatral, vibrados por el agudo sentido del humor en los hechos y en el verbo expedito y afilado en íntimo acuerdo con la condición tipológica de los personajes y la naturaleza de las circunstancias. No hay en *"Mi solar"* un momento desvalido, falto de interés o moroso y sin presteza y cada escena se desenvuelve con ligereza y concisión para hacer de la pieza una muestra de fluidez y justedad, incesante desfile de momentos bien ensamblados colmados de intención y de gracia en el certero retrato del medio y de las gentes. Se puede afirmar por esas y por otras razones que, si *"El solar"* marca un momento en la historia del ballet, o la danza culta, como expresión de lo nacional, *"Mi solar"* planta un jalón en la historia de la comedia musical, y por tanto del teatro, como manifestación cubana. (Rodríguez 1965 2)

"El solar" como comedia es un clásico de la comedia musical en Cuba. Yo creo que la puesta en escena para teatro (…) abarcó el solar cubano y abarcó el sistema sociopolítico y económico de una época. En el teatro abrió más el diapasón, es una comedia eminentemente cubana, eminentemente popular, sin chabacanerías, sin mal gusto, con un trabajo musical de excelencia. Toda la creación coreográfica que está incluida dentro de *"El Solar"* está dada por una expresión de diálogo, son diálogos danzados. (Entrevista a Ondina Mateo del Toro)

Un día en el solar, largometraje de género comedia musical

Eduardo Manet, director de cine, tuvo la oportunidad de apreciar una de las puestas en escena del ballet *El Solar* y tan sorprendido quedó al disfrutar de un espectáculo que a través de la danza descubriera lo cubano, que desde el primer momento deseó adaptarlo a la pantalla grande. Sin más, se unió a Alberto Alonso, reunieron equipos de trabajo y esfuerzos para crear la película de género comedia musical *Un día en el solar*, (Ver sinopsis en anexo 3, pág. 132).

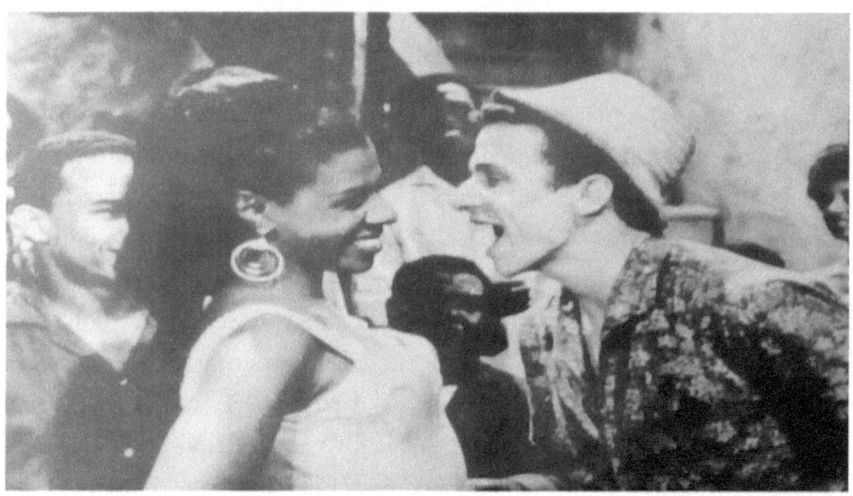

Foto tomada del expediente de *Un día en el solar*, que obra dentro de los archivos de la Cinemateca de Cuba.

Este filme como producción cinematográfica logró ser autónomo. No es un reportaje de la obra escénica ni una especie de registro documental, lógicamente la película adapta un cúmulo de trabajo teatral previamente hecho y crecido. Este trabajo teatral, que en sí es la obra teatral, manifiesta en la fábula, la música, la danza y el juego de actores, en su nuevo contexto se toma como lo profílmico (todo lo que está listo para filmar), no se descompone totalmente, sufre ciertas alteraciones, pero continúa sosteniéndose en las estructuras dramáticas-teatrales.

En su nueva creación para el cine, el público es sustituido por la cámara, cada interpretación escénica se reinterpreta ajustándose al nuevo medio expresivo, a su lenguaje, a sus especificidades técnicas, donde el director debió rehabilitar propiedades inherentes al quehacer teatral: la intensidad dada en la sucesión de momentos tensos y momentos disipados en la acción, la inmediatez de la actuación, la variación del *tempo*, la velocidad, etc., siempre recordando que el cine se caracteriza por fraccionar y fusionar cada una de las partes o segmentos que a modo de polifonía y virtualmente, conforman la película.

Lo que se produce es que el establecimiento del espacio escénico, en relación con el juego de intérpretes y toda esa ilusión de la realidad ideada para la escena teatral, ahora siempre estará dictada por la cámara, por tanto, se modifica, se delimita, se precisa y se acondiciona a los modos concretamente fílmicos: la escala o unidad de planos que determinan la narración fílmica (plano secuencia, plano general, plano medio, primer plano, etc.), la segmentación fílmica (estructura narratológica), los desfases del ritmo del filme (contraste entre los ritmos gestual, espacial del actor y el ritmo verbal de la dicción), las pulsaciones (dinámica en la acción), las transiciones (variaciones de la intensidad) sustituyendo en gran medida la cualidad de actuación y de danza teatral, porque se construye un nuevo espacio escénico, también selecto, alegórico, incierto, que se va descubriendo.

Empero los modos fílmicos están sujetos a la estructura narrativa o narratológica de la fábula que originó las dos obras anteriores, para que la propuesta fílmica logre ser efectivamente comprensible, con respecto a lo que se cuenta y a lo que acontece. Aun cuando la película se apegue al texto original y a los requerimientos teatrales, estos ordenamientos lo apuntan hacia el lenguaje cinematográfico en el discursar. La teatralidad es el único fin y todo funciona en pos de ella.

Es importante advertir lo que sucede con el ejercicio de los actores; en el año 2000, Patrice Pavis define como bailarín-actor a aquellos ejecutantes de la danza-teatro y agrega:

> Duda entre dos tipos de gestual que practica alternativamente: el gesto danzado y el gesto mimético. El cuerpo del bailarín-actor transmite al espectador la incertidumbre de su anclaje y cambia sin cesar de estrategia: tan pronto se deja llevar por el movimiento muscular, como imita y codifica el mundo que representa. La coreografía del movimiento se duplica con una puesta en escena (puesta en espacio, uso de decorados, texto y construcción narrativa), que habitualmente, es la propia del teatro. (135-136)

Esta denominación también puede incluir a los artistas que toman como práctica la comedia musical como género del teatro musical (donde los intérpretes actúan, danzan, cantan, etc.), incluso, cuando las manifestaciones son diferentes no lo es tanto, el desempeño de los actores.

Aciertos y desaciertos del filme

En conversación con el especialista y crítico del arte cinematográfico cubano Antonio Mazón, él explica que luego de la fundación del ICAIC las producciones cinematográficas maniobraron fundamentalmente los géneros históricos, documentales, informativos, que trataban temas como las luchas revolucionarias, los procesos sociales, etc. El cine musical no era de mucho interés para nuestros realizadores ni en aquellos momentos ni después, siendo esto una incongruencia, puesto que Cuba, culturalmente, es una nación con una riqueza y diversidad de ritmos y danzas poco vista en otras regiones del mundo.

Sí se hicieron materiales que —como documento— registraron hechos que hoy cobran gran significación para la historia de la música y la danza del país. En su opinión *Un día en el solar*, aunque fue una buena adaptación de la pieza teatral, como largometraje de ficción, no cumplió con los requisitos que formalmente determinan la comedia musical para cine, algunas notas de prensa, revisadas así lo platean:

> Eduardo Manet pudo hacer una película más coherente, dinámica, atractiva y cubana con más ritmo de solar, por medio de imágenes que tuvo a su alcance y no filmó, y a través de escenas que pedían un uso espectacular de las cámaras (…). El discurso de la película es más bien monótono, y sólo consigue animarse mediante algún chiste oportuno que en la mayoría de los casos no tiene significación fuera de Cuba. "*Un día en el solar*" es una película pasajera que, para uso doméstico, puede tener aceptación. (Beltran párr. 4 y 6)

> ["*Un día en el solar*"] Casi inmovilizado por la escenografía, Manet no ha podido sacar partido al movimiento en la comedia, sus cámaras no captan esa brillantez y colorido que promete el espectáculo; sus actores se mueven casi como en un proscenio de teatro y nunca completamente en foro cinematográfico (…). Y es precisamente en el trabajo de dirección de actores (y todo bailarín lo es en un musical), donde se nota ausencia de voluntad. (López párr. 2)

> Entre canto y baile la película incurre en una excesiva lentitud y en una reiteración de anécdotas no siempre comprensibles para todo el público (…) Guevara [en el marco del IV Festival Internacional Cinematográfico de Moscú] dijo que el film era la primera incursión de la novel cinematografía cubana en el género de la comedia musical, la primera película en colores y pantalla *scope*. Entendida en tales términos, la película se convierte en un primer paso cuidadoso, aunque poco acertado. (Bermejo párr. 4 y 8)

> La cubanía de fondo y de forma que tuvo en *"El solar"* expresión acabadísima en la norma del ballet y que en *"Mi solar"* estuvo bien plasmada según lo característico teatral, no ha promovido en *"Un día en el solar"* un decir cinematográfico a escala con las posibilidades que posee para la forma fílmica. Esa parvedad cinematográfica es el defecto esencial de esta cinta carente de arresto fílmico a pesar de lo posibilitado por la naturaleza misma de las situaciones y los personajes. (Rodríguez 1965 párr.11)

Contrariamente a estas opiniones se escribieron otras críticas que fueron más alentadoras:

> Para nuestro cine en cambio significa mucho, pues como se sabe, la comedia musical es uno de los géneros más difíciles que sólo las cinematografías desarrolladas atacan satisfactoriamente. A partir de *"Un día en el solar"*, el concepto de "joven cine", con que la realidad y Europa han bautizado nuestra industria se verá transformado: joven por su todavía incipiente madurez temática, pero apto para un salto en profundidad que implique total dominio de las formas artesanales propias al cine y que cierta arrogancia iconoclasta nos ha hecho olvidar. (López párr. 1)

> El diario "Pravda" elogia hoy la película cubana. *"Un día en el solar"* (…). En una crónica de Alexander Novogrudski, crítico de cine y dirigente del centro de prensa del IV Festival, dice que esa película, primera obra cubana en el difícil género cinematográfico de la comedia musical es un comienzo prometedor. ((PL) párr. 1 y 2)

> La producción cinematográfica cubana *"Un día en el solar"*, más conocida sintéticamente por *"El Solar"*, dirigida

por Eduardo Manet, constituyó un éxito de singular relevancia al exhibirse en el IV Festival Internacional Cinematográfico de Moscú, recientemente celebrado. ¿De qué trata esa obra? (…) [es] un ballet nuevo, donde se mezcla a lo sensual, todo lo de nuestro mundo popular (…) "*Un día en el solar*" que es la primera comedia musical de nuestro joven cine, donde los gestos de las manos, la "cintura partida", el ritmo particular de las caderas de nuestras mujeres, encontraron una transcripción adecuada en las evoluciones de los bailarines. Los realizadores de este filme conjugaron todos los factores para hacer una obra positiva y lo lograron. (Guzmán párr. 1, 3 y 4)

El estreno de *Un día en el solar* evidentemente para la opinión pública especializada fue un tema polémico. Para poder concluir los aciertos y desaciertos que tuvo la película se debe exponer el sentir que el mismo realizador tenía del filme. Manet consideraba que su obra era "la primera comedia musical cubana (…) ritmos y danzas se funden para crear un espectáculo cuya pretensión más alta es una: la de no aburrir al público" (Bermejo párr. 6).

Manet también expresa que el mérito de la película residía en despertar el gusto, el interés en el auditorio nacional por las películas de género comedia musical. Con esta experiencia dejaba una puerta abierta, una nueva propuesta a próximas producciones de noveles realizadores que estuvieran dispuestos a incursionar en el género, como él se lo planteó.

Pese a todas las valoraciones desfavorables que recibió luego de su estreno, *Un día en el solar* obtuvo el Diploma de Honor del Comité Organizador en el citado IV Festival Internacional Cinematográfico de Moscú, en 1965. En la obra fílmica, contextualizada en los primeros años de la Revolución cubana se escucha la voz de la clase humilde, aquella que nunca tuvo derechos, ni recursos, que vivía en condiciones precarias y fue explotada.

Es un espectáculo donde se personifican individuos, cada cual con sus propios conflictos que se traducen en los problemas que adolecía la sociedad. Revela los cambios que se estaban facilitando luego del triunfo de la Revolución, en la que el pueblo depositó todas las esperanzas de erradicar definitivamente los problemas que les agobiaba, fundamentalmente el problema de la vivienda.

En aquella época hubo un aliento en las artes escénicas por presentar la cultura del solar, la danza se ocupó de ello, también en el teatro obras como: *Santa Camila de La Habana vieja*, donde un trabajo artístico especializado encontró como motivación la «cultura popular tradicional» para conformar producciones que resumen los refranes, las actitudes, las costumbres, la religiosidad, la idiosincrasia, las posturas, la gestualidad, la corporalidad, las músicas y las danzas, que identifican lo cubano y el lugar idóneo para ubicarlos es precisamente el solar; el filme, por razones obvias se hace eco de toda esta influencia.

Análisis dancístico de la comedia musical *Un día en el solar*

Para adentrarnos en el análisis expongo algunos señalamientos:

El análisis dancístico se realizó mediante la observación del filme, este, es un material audiovisual y la danza observada compone ese material audiovisual; esta danza al tomar espacio en otro medio de expresión adquiere nuevas particularidades, pues el análisis dancístico se sustenta en la percepción de la puesta en imagen de la danza (como sucede en la televisión), la relación y la experiencia estéticas que se establecen entre el observador y la danza, están condicionadas e intervenidas por lo que ha filmado la cámara, desde la puesta fílmica y desde el criterio del realizador.

Para el análisis dancístico de la comedia musical, los momentos danzados se identifican como las secciones de danza y poseen los títulos que me sugirieron las ex bailarinas entrevistadas. Se tuvieron en cuenta aquellas escenas donde la danza toma mayor significación, desatendiendo las pequeñas evoluciones de movimiento ejecutadas por algunos de los personajes de la película. Las he evaluado mediante seis elementos, a partir de un modelo de análisis, *Elementos a tener en cuenta para el visionaje audiovisual de danza*, que el Dr. Noel Bonilla Chongo nos propuso en conferencias de clases (Ver anexo 5, pág. 134); me apoyo, además, en similares valoraciones sobre el estudio y la investigación del arte danzario y análisis de los espectáculos que defienden los autores Bárbara Balbuena y Patrice Pavis, valoraciones que viabilizan el análisis dancístico.

Primero los elementos se analizan desde la generalidad excepto el elemento movimentalidad, que se le presta total atención dentro de un segundo análisis, ya imbricado al resto de los elementos. Los planos dramatúrgicos iluminación, maquillaje y vestuario, no necesitan un segundo análisis particularizado porque se manifiestan sin notables cambios durante el curso del filme.

Análisis general de la obra Un día en el solar

Estructura externa

Tradicionalmente las formas y géneros del Teatro musical se estructuran de modo similar. Para esta investigación revisé documentos de distintas producciones internacionales de comedia musical para teatro, *My Fair Lady; West Side Story; Gypsy; El hombre de la Mancha y Funny Girl*, realizadas entre los años 1956 y 1964. Todas se rigieron por un patrón estructural muy parecido al que ejemplifico:

- Prólogo u Obertura (instrumental)
- I Acto
- Entreactos (instrumental)
- II Acto
- Final

En *Un día en el solar* todos los sistemas que la componen están estrechamente integrados, construyendo una fábula, que se expone, progresa y desenlaza siguiendo la estructura narrativa, lineal, cerrada, bien acabada. Es una historia de ficción que devela por mímesis parte de nuestro mundo real. Surge en un solar (espacio), durante un día (tiempo), donde sus habitantes (sujetos que actúan), van a estar constantemente relacionándose e interactuando (acciones físicas), a veces entrando en conflictos que logran mitigar, pues el objetivo (a donde se dirige) es intentar resolver su dificultad, dentro de ese sitio poco confortable.

Una fábula hecha con personajes que se han construido con los tipos de personas con una sicología y caracteres bien perfilados. Está dividida dramáticamente en capítulos que internamente se disponen en escenas y cada una se trama indistintamente en secciones dialogadas, musicales y danzadas. Los capítulos se titulan:

- Capítulo 1 El Despertar de 7 a 8 A.M.

- Capítulo 2 Algunos siguen soñando de 8 a 12 A.M.

- Capítulo 3 *Le Démon de l' après midi* de 12 a 3 P.M.

- Capítulo 4 Mente sana un cuerpo sano de 3 a 5 P.M.

- Capítulo 5 La merienda de 5 a 8 P.M.

- Capítulo 6 Desenlace de 8 a 12 A.M; Y enlace 12 A...

Tiempo

La comedia musical es un espectáculo que traza una línea temporal completa de 86 minutos, que se subdivide en el tiempo que transcurren los capítulos. Cada uno de ellos se concibe con un tiempo preciso que al sumarlos resultan el tiempo total, físico, objetivo que impone cerrar la puesta fílmica.

Refiriéndome al tiempo desde la danza en la película, el coreógrafo gestiona la duración del tiempo físico de sus creaciones danzarias en el acto *in sito* de creación, también determina su comportamiento, es decir, el *tempo*, para muchos considerado el aspecto más significativo del tiempo, luego el *reggiseur*, (si figura alguno dentro del equipo de trabajo), ayuda a fijarlo durante la actividad práctico-danzaria.

Ambos establecen los cambios de velocidad de la acción, con qué intenciones fluye, dónde se respira (pausas), etc., pero siempre el intérprete tendrá oportunidad de entregarle a su rol, su *tempo* personal, principalmente los solistas que tienen más oportunidad de coquetear con su personaje. Para los que danzan dentro del cuerpo de baile ese espacio es más condicionado puesto que el *tempo* se trabaja en conjunto.

Espacio

El espacio físico concreto donde ocurre la acción es el solar. El espacio escénico se traza a partir de las tomas de la cámara. Esta condicionante de corta y pega de la edición de la película, lejos de empobrecer amplía los espacios establecidos para la evolución danzaria, ya que evidentemente han sido construidas plataformas y se han dispuesto locales donde solo la danza tiene lugar.

La cámara nos da otra perspectiva visual de la ejecución danzaria, con la toma aérea que permite visualizar desde arriba los diseños espaciales y los desplazamientos, aunque, por lo general, las secciones de danza se han filmado en primer plano, fijo, ayudándonos a percibir la danza desde el ángulo de visión frontal, como si estuviéramos en proscenio del teatro.

Música y sonoridad

Están determinadas por la banda sonora que es el resultado de la edición de distintas pistas de sonidos, dialogados, musicales paralelos y sonidos de adorno. Todos han sido compuestos para el filme con la función de crear un ambiente para la acción. Estructuralmente se compone por el tema inicial, la música incidental o de fondo y el tema final.

Pese a que las formas y los géneros tratados son los populares cubanos existen otros. La factura compositiva que el compositor ha descrito se apega a las técnicas vanguardistas del siglo XX.

¿Por qué se caracterizan estas técnicas?

- Pues, más que de especificar en qué tono están escritas (los tonos se refieren a los estados emocionales), si es modo mayor o es modo menor, es prudente referir que existen centros tonales donde todos los sonidos están dotados de igual valor. Esto explica la atonalidad o la ambigüedad tonal.

- El uso de la síncopa (figurado rítmico).
- La articulación para los instrumentos de viento madera.
- El cromatismo.
- Uso de dos ambientes, consonante y disonante.

Se pueden identificar los géneros musicales y bailables, pero no están compuestos como tradicionalmente los conocemos, sino están abordados desde las propuestas de la música contemporánea. La experimentación, la exploración son conceptos que han definido la composición musical. Para las secciones de danza, la música ha sido ejecutada en dos formatos básicos, orquesta de cámara y *Big band*. Para acompañar los diálogos se utilizan sonidos independientes emitidos por algún instrumento o simplemente ruidos que apoyan la situación dramática presentada.

Escenografía

Se ha construido un solar muy elaborado plásticamente que sigue la intención estética de presentar la belleza de ese medio empobrecido y deslucido que pueden resultar los solares. Hay una mezcla de locaciones reales (interiores) y algunos sets ficticios concebidos como escenografía. Toda la acción transcurre en los interiores, son edificaciones existentes, que han permitido añadir elementos escenográficos, telones, trastos, accesorios para recrear el ambiente. Existen objetos en calidad de utilería que en algunas secciones influyen y determinan la danza; estos se analizan con detenimiento en el análisis del elemento movimentalidad de las secciones de danza donde aparecen.

Iluminación

La luz que se percibe es de ambiente natural. No se realizan efectos. Se trabaja con baja o alta intensidad en correspondencia con el transcurso del tiempo que se ha establecido para la acción. Un día que comienza a las siete de la mañana hasta las doce de la noche. Cada hora del día recibe una determinada intensidad de luz natural y este tratamiento es el que se siguió en la filmación.

Maquillaje

No se realizó un maquillaje de caracterización sino un maquillaje natural, social, el necesario para la filmación. Los personajes lucen distintos peinados, colas de caballo, flequillos, moños, afros, melenas y cortes. Los hombres usan tupés o cortes rebajados según la textura de su pelo y las mujeres usan cortes que se acercan al *bouffant* francés que era muy popular en la época del 60. Es muy usado el pañuelo y en menor uso, los rulos moldeadores.

Vestuario

El vestuario es el elemento que fija la época en que está contextualizada la obra. Las piezas de ropa, los zapatos y los accesorios que se exhiben corresponden a la moda que se llevaba a finales de los años cincuenta, principios de los años sesenta. Se ha vestido cada intérprete según el perfil de su personaje y al sector poblacional al que pertenece. El vestuario ha sido confeccionado en correspondencia con la época, con el ambiente y lo más importante es que ha sido elaborado en función de las necesidades expresivas de la danza.

Llama la atención el uso del color, en distintos tonos de los tejidos de las piezas y la variedad de diseños, no solo de los cortes (escotes, tiras, tachones, vuelos rizados, etc.), también el diseño en los tejidos (a rayas, a cuadros, estampados, de flores, de lunares, etc.), dándole singularidad a cada uno de los vecinos del solar, pero también responde al efectismo que se desea lograr en la representación. Los actores principales y segundas figuras, tienen muchos cambios de vestuario, en cambio los figurantes solo muestran la misma vestimenta desde principio a fin.

Vector significante

El filme nos cuenta una historia de ficción que tiene como tema principal una relación de amor entre un hombre y una mujer. El conflicto principal es la frustración de ese amor por razones diversas, esas razones de índole personal, social y económica son otros aprietos donde intervienen terceras personas que constantemente apuntan en contra de que la relación se realice.

Se trata de personas que viven en un solar (aglomerado del sector humilde de la sociedad cubana), el medio en que viven y su comportamiento son la más viva expresión de una cultura popular que se gestó en los segmentos de las poblaciones suburbanas, marginales y marginadas. Se abordan problemas como la insalubridad, la desocupación más que el desempleo, el problema de la vivienda, la religiosidad asociada a la manipulación y la explotación de algunos individuos a otros; en el orden espiritual se tratan comportamientos que inducen a la lujuria y a los celos, las imposiciones maternales, la murmuración en tono negativo y a las riñas colectivas, problemas por los cuales tradicionalmente se ha caracterizado el solar.

El filme también nos ofrece alternativas a toda esta problemática que vienen asociadas al triunfo de la Revolución cubana, aun cuando no se expresa directamente; trae consigo el otorgamiento de domicilios, la oportunidad de insertar fundamentalmente a los jóvenes al estudio y al trabajo estatal, la introducción de las MTT [Milicias de Tropas Territoriales] en los barrios como defensa de los bienes sociales y de la población, el inicio del INDER [Instituto Nacional de

Deportes, Educación Física y Recreación] que organizó la práctica masiva de deportes y la defensa de la cultura en la exposición de la realidad, de un ambiente específico, de sus costumbres y de su tradición.

Análisis dancístico específico de la obra

- Capítulo 2 Algunos siguen soñando de 8 a 12 A.M.

Primera sección de danza: El onírico

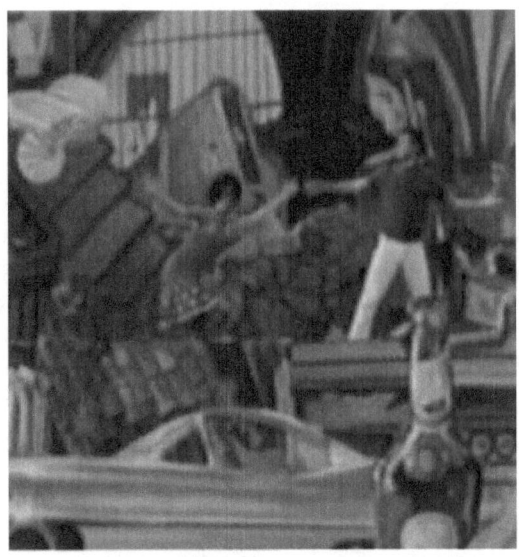

Fotograma tomado de la película *Un día en el solar*.
<u>https://www.youtube.com/watch?v=bx3rZAx0Zlc</u>

Estructura

Introducido por un diálogo y un cambio de espacio, el baile irrumpe con la exposición del tema musical. En la ejecución danzaria se perciben tres momentos: inicio, desarrollo y fin. Tres momentos diferenciados por los cambios que respectivamente va imprimiendo la coreografía, también hay cambios en la sonoridad acompañante que va delineando progresivamente la danza que irrumpe.

Tiempo

Cuando observamos esta sección de danza se siente que transcurre con cierta dilación con respecto al rodaje total del filme. Esto se debe a que se ha creado en un *tempo* lento; lo inscribo en el aire *Adagio*. Esta subjetiva detención de 3: 04 minutos de duración acentúa un momento apacible, lejano, distante, que enfatiza la intimidad que sugiere el baile de pareja, pero su sucesión en el tiempo tiene cambios en la velocidad de la acción.

En el primer momento de la ejecución, dentro del mismo aire lento hay un contraste de secuencias de movimiento aceleradas y secuencias de movimiento que retardan la velocidad, mediando entre ellas varias pausas o silencios. En el tiempo intermedio hay una ruptura temporal de la ejecución danzaria, es cuando ocurren las apariciones y desapariciones de los danzantes, son distintos cortes realizados por la cámara que para nosotros se presentan como efectos visuales y se producen un poco más rápidos que el despliegue anterior. Ya en el tercer momento la danza se vuelve a integrar, se aprecian cambios de velocidad, pero menos, la acción retarda porque va concluyendo el momento danzado.

Espacio

El espacio escénico ha sido abordado como espacio interior, un espacio imaginario y de ensueño, que muestra un mundo íntimo, idealizado, figurado por la escena. El espacio escénico ha sido construido entre el espacio físico descrito por los bailarines y el espacio interior y la danza fue concebida en función de ese espacio ilusorio, donde los danzantes se relacionan con incontables objetos aglomerados, de manera que a nuestros ojos llegan imágenes ficticias, pintorescas, agraciadas a veces ingenuas, gracias a esta relación que solo se ha logrado construir con las técnicas de cine.

Música y sonoridad

Tema: El onírico
https://www.youtube.com/watch?v=bm0RTKbeVI4&t=57s

Interpretada por una orquesta de cámara, la pieza musical que acompaña al dúo coreográfico desarrolla el bolero como género musical al cual se le incluyen elementos del danzón. Se sucede en el *tempo Adagio* para apoyar la idea dramática, sublime y fantástica que muestra la danza.

La orquesta introduce un motivo que se repite, luego entra una línea melódica interpretada por un instrumento solista acompañado por el resto de los instrumentos y se culmina con la frase inicial. Se ha tomado como instrumento solista el saxofón, casi siempre en la música popular su timbre está asociado al amor, a lo sensual y al sentido romántico; a este lo siguen las cuerdas, violines, viola, cello, contrabajo y piano. En la percusión se percibe el sonido de las claves y el güiro; el timbal describe la célula rítmica del danzón.

En un momento específico de la ejecución, el piano junto al vibráfono, ambos hacen efectos sonoros sobre los cifrados y los sonidos con una disposición atonal, que indican un cambio en la acción; es justamente cuando la pareja se separa, ellos se pierden en el espacio y no se perciben el uno al otro. Luego los danzantes se unen y la danza retoma el aire inicial. La música vuelve al tema musical previamente establecido, con el cual finaliza.

Escenografía

La escenografía se integra por telones parciales, cortinas y trastos pegados al suelo. Pictóricamente estos materiales muestran disímiles utensilios y figuras con un sentido fantasmagórico, con la finalidad de ilustrar un sueño o un mundo de fantasía. Se colocaron dos plataformas fijas, una a nivel medio y otra más alta que la primera, donde mayoritariamente transcurre la danza. Se instalaron, además, escaleras y rampas que permiten el desplazamiento hacia los diferentes niveles del espacio: desde el bajo hasta el más alto, en diferentes zonas y en todas direcciones, casi imposibles de armar en el espacio físico natural, este espacio se ha construido para la danza.

Esta escenografía constituye una recreación forzada de amontonar muchos objetos u elementos que nos ubican espacialmente en un lugar. Su función es contrastar un mundo nuevo y ajeno al mundo real y físico de los locales del solar, que se construyeron con una concepción realista, pero esta recreación resulta falsa e innecesaria porque no tiene coherencia con otras escenografías dentro del filme, es la única de su tipo.

Movimentalidad

La danza toma lugar a partir de un baile de pareja o dúo coreográfico, interpretado por los protagonistas de la historia. Este formato danzario se introdujo en las grandes producciones de filmes de género comedia musical para significar la relación de amor entre los protagónicos u otros personajes y con el baile de pareja, se intensifica la relación íntima que se buscaba caracterizar en la danza. Esta interpretación a dúo rememora los bailes de salón social, donde el baile de pareja favorece la proximidad de los pares; en este caso puede que la proximidad se fundamente en un sentido erótico, pero sin dudas se enaltece el amor romántico.

La ejecución se establece por la alternancia de carreras lentas y levantamientos, mediando el baile de pareja. El onírico, está concebido como una danza ascendente y sutil porque acontece en un espacio simbólico dentro del propio espacio de representación que está delimitado por la acción. Los intérpretes detenidos en el tiempo abandonan el plano terrenal, se abstraen de su realidad y escapan a otro sitio donde encuentran el espacio óptimo para realizar sus proyectos, aquí radica la motivación de la danza.

La energía transita de lo suave a lo fuerte, cuando los ejecutantes se mueven en *tempo* lento y peso liviano, hay momentos de tensión durante los levantamientos y los saltos que se efectúan, así el baile no resulta del todo tenue ni monótono. El baile se mueve en gesto emocional, expresa pasión, la expresión del amor es su verdad, es su principio y fin, pero en ello no hay desenfreno, sino contención y su carácter tiende al lirismo.

Al establecerse un baile de pareja los diseños corporales se han trabajado en conjunto de dos; dos cuerpos estrechamente vinculados y próximos que van formando figuras por lo general asimétricas, trazando en mayor medida líneas rectas. Se baila en los niveles medio y alto reforzando el motivo de la danza (de mostrar un estado de apacibilidad, de desapegado terrenal); los bailarines se han dispuesto en el espacio dibujando una trayectoria amplia e inestable, recorriendo todo el espacio que para la danza ha sido construido.

El onírico se creó con un alto grado de elaboración técnico-danzaria que se manifiesta en el continuo fluir del movimiento, donde confluyen elementos de los distintos lenguajes danzarios y movimientos de nueva creación. La creación danzaria se apega a la técnica de ballet por el mayor uso de los levantamientos *à l' air*, los levantamientos *par terre* y la ejecución de los saltos. En menor uso se ejecuta, el movimiento *passé*, la cuarta larga como una de las posiciones de ballet y los pasos *ronde jambe à l' air* y *ronde jambe à terre*.

Del baile de salón social toma la posición de baile social cerrada, la posición de baile social abierta y los giros del hombre a la mujer. La contracción-relajación se utiliza como transición de un movimiento a otro, sin embargo, en el transcurso de la ejecución no se percibe el baile del bolero o del danzón, que son los bailes que corresponderían al acompañamiento musical.

Vector significante

La danza significa la relación de pareja, proyectando un momento idílico. Es en pocas palabras un juego de enamorados que se enajenan de sus apuros y se concilia en la danza. En el baile de pareja aflora el sentido pasional, donde saltan a la vista cualquiera de los sentimientos, en este caso el amor juvenil, el respeto, la ternura, se expresan en esa constante búsqueda de los cuerpos de uno hacia el otro.

Segunda sección de danza: El baile de la batea

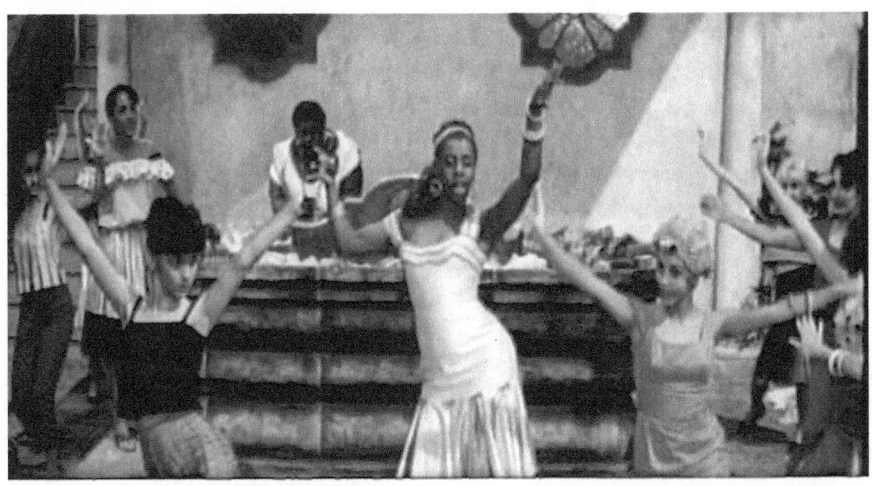

Fotograma tomado de la película *Un día en el solar*.
https://www.youtube.com/watch?v=NDzBoLquSTw

Estructura

La escena comienza con una pequeña sección vocal-instrumental con carácter responsorial (preguntas y respuestas) a la que le sucede una sección dialogada. Luego se entona nuevamente el motivo con el que se dio inicio, desarrollándose ampliamente a la par de la ejecución danzaria.

En el primer período de la representación, la estructura danzaria está determinada por la estructura musical. La música y la danza se establecen por la alternancia del solo y el coro que conforman el tema, donde el estribillo "con el jabón-bon…" es el motivo musical fundamental o *leitmotiv* que marca un motivo coreográfico, el movimiento de caderas. Estos dos motivos, el musical y el coreográfico, se repiten constantemente durante el ciclo de la interpretación.

En el segundo período cuando concluyen las interpretaciones vocales, la música crece en la extensa y virtuosa interpretación instrumental que expone, modula y reitera distintos motivos musicales hasta el desenlace. La danza tiene un ordenamiento continuo del movimiento fraseado que no se interrumpe hasta el final, donde prima la repetición del motivo coreográfico fundamental, que se mantiene como el hilo conductor de la danza.

Tiempo

Sin dudas la ejecución danzaria es bastante animada y alegre, este carácter sugiere rapidez en la acción, donde se perciben cambios de velocidad en la ejecución del movimiento físico (del gesto danzado y del gesto mimético) de las solistas con respecto al cuerpo de baile. Cuando las solistas entonan las guías de la canción lo hacen con un *tempo* más pausado o más acelerado que el *tempo* del conjunto, momentos en los que se detienen en la coreografía, pero no interrumpen la acción y la enunciación interpretativa asume una marca personal.

El *tempo* de la ejecución del cuerpo de baile está coreografiado, no obstante, se notan intervalos donde las danzantes se mueven a su propia voluntad. Se realizan silencios alargados en la continuidad del movimiento donde el coro se detiene, escucha y acompaña a las principales intérpretes y esta relación responsorial caracteriza el primer período del tiempo total de la sección de danza.

El acompañamiento musical también impulsa cambios en la ejecución danzaria; luego del tercer coro del estribillo hay un cierre musical y le sucede el canto de una solista, señalando el cambio de aire que trasciende del *Allegro* a *Andante* y de manera formal de un género musical a otro, de la guaracha al chachachá. Este pasaje musical dura alrededor de catorce compases a partir del tercer estribillo y de inmediato otra solista termina su inspiración, indicando el regreso al aire y al género originarios.

Estos cambios se infieren en la danza y la condicionan, no solo porque fijan cambios en el aire de movimiento, asimismo hay un cambio en la intensidad de la ejecución del motivo coreográfico, que ahora se define suave y ligado al introducirlo junto al paso básico del son, que se realiza en el mismo intervalo de tiempo de los catorce compases musicales; posteriormente se vuelve al *tempo* de inicio.

En el segundo período de la representación, la música mantiene un tiempo regular sin cambios de velocidad. La danza se comporta altamente fraseada y secuenciada, eso implica cambios en la velocidad de la acción que se manifiesta en las pausas y continuidad del movimiento. Las acciones secuenciadas difieren en intensidad y duración, pero transcurren en el mismo aire de *tempo* hasta la conclusión de la sección de danza, que tiene una duración de 5:00 minutos.

Espacio escénico

La danza toma lugar en el patio y en la terraza del solar. La fuente de agua o vertedero es el área de mayor significación, pues la acción allí comienza y se desenvuelve, alrededor y desde este componente arquitectónico; donde consecutivamente las intérpretes se dispersan en varios puntos del espacio total comportándose el de mayor fuerza visual el espacio de la fuente.

Aquí se ha definido el espacio escénico perdiéndose por completo el concepto del espacio escénico teatral por el cual tradicionalmente se ha tratado la danza. Los puntos de mayor fuerza visual están determinados por las tomas de la cámara desde diferentes planos; unas veces la cámara recogió el movimiento de todo el cuerpo de baile y en otros momentos, se subdivide el conjunto en grupos más pequeños, dándonos la oportunidad de disfrutar del acontecimiento danzario que se desborda por los espacios libres de las locaciones del solar.

Música y sonoridad

Tema: Con el jabón-bon
https://www.youtube.com/watch?v=QtqSgrni5l0&t=8s

Se ejecuta una pequeña introducción *Allegro* para el formato orquesta de cámara y coro que le da pie a los diálogos que prosiguen. Cuando concluyen estos, se repite la introducción que asciende, gradualmente a una gran interpretación del formato *Big band*.

"Con el jabón-bon" como se titula la canción, es una guaracha-son según los datos escritos en las notas al disco, en la audición de la música se identifican por igual caracteres de los géneros mambo y chachachá dentro de la misma composición.

Hay que admitir que en la escucha sí se distinguen elementos que se acercan a la estructura del género guaracha-son: el coro canta un estribillo o montuno, de cuatro compases a lo sumo que se repite en contraste con otro motivo que entonan las solistas y describen una situación graciosa mediante textos jocosos y burlescos. Para mí son válidos los dos criterios, todo indica que el compositor, en su acto experimental de crear, tuvo la intención de conjugar todos estos géneros para darle riqueza, color y espectacularidad a la orquestación.

Otra característica importante de la música es que luce una brillante articulación sonora donde se destacan los instrumentos de viento, aludiendo el tratamiento instrumental que exponían las orquestas *Big band*, el mismo tratamiento que siguieron reconocidas composiciones de músicos cubanos como Israel 'Cachao' López, Pérez Prado y Beni Moré, en la década anterior a la realización del filme.

El modo de componer y de orquestar que estamos analizando responde, además, a los aspectos específicos de la música contemporánea y a la música de vanguardia que estaba en incremento en la época; lo que sí no cabe dudas es que se trata de una composición que se sustenta en los géneros de la música popular cubana, escrita para acompañar la danza.

En la primera etapa de esta sección de danza la acción se articula entre el movimiento físico y el canto, por ello, es muy importante analizar la voz como manifestación sonora. Las voces primordiales son las de las intérpretes solistas que cantan el mayor texto de la canción y más allá de transmitir el mensaje que encierra el texto, la voz de cada personaje nos permite conocer los estados emocionales con que se interpreta y hasta la ocupación social de los personajes que lo inspiran, porque la voz siempre significa al personaje.

Por ejemplo: Yeya es la encargada del solar, no por gusto es quién comienza la canción y al hacerlo demuestra cierta autoridad y dominio del grupo que realiza la actividad, como si también la dirigiera, dictando con cada palabra y gesto, cómo se debe realizar. Todo esto se percibe en su voz de registro medio, con un timbre fuerte que al finalizar el verso se intensifica en altura (como para que quede bien claro lo dicho) y lo afirma con un grito.

La pequeña intervención de la segunda solista es muy corta, sin embargo, disminuye el sentido autoritario de la voz anterior, con una voz de timbre claro y dulce, su tono no es enfático, sino que convida a escuchar. La voz de la Santera nos permite identificarla como una mujer con cierta simpatía, una mujer sensual y hasta presumida; no realiza modulaciones del timbre, ni cambios de intensidad, su canto es alto y va descendiendo a medida que pronuncia el texto y expresa seguridad.

En el caso de la Chismosa tiene dos momentos cantables: El primero tiene énfasis interrogativo, ella modula de un timbre sobrio al timbre cortante con intención irónica, con la cual finaliza su canto; en cambio, su segundo momento, es una inspiración melodiosa, en un registro medio-alto, donde utiliza un timbre gentil y hasta afable, que no es de esperar en su interpretación, porque usualmente ella se comporta en un tono mordaz.

Cuando se presenta la cuarta solista, de inmediato percibimos que su voz ha sido reemplazada por la voz de un hombre. Se ha utilizado un timbre áspero, bronco, en un registro bajo que se apega perfectamente al peso, al movimiento sinuoso y al cuerpo obeso de quien interpreta. Esta maniobra se toma como excusa inmediata para la risa, subrayando el carácter burlesco de la comedia.

Las voces del coro al cantar al unísono no permiten distinguir un timbre único. El coro se conforma en su mayoría por intérpretes muy jóvenes lo que insta a clasificarlas como voces claras o blancas, de registro medio-alto, que nos entregan un canto agradable y simpático que se limita a responder lo que inspiran las solistas.

Escenografía

Esta sección de danza tiene la particularidad de incorporar numerosos accesorios de ambientación que se utilizan por necesidad de la acción. Se ha concebido una coreografía determinada por el uso de objetos, los jabones, los cepillos, las bateas móviles, los cajones y las sábanas, se han agregado como utilería que expresivamente conectan el movimiento danzado al texto que se dice en el canto.

Movimentalidad

Esta creación danzaria es la recreación de un hecho de la vida cotidiana, la actividad de lavar en todas sus fases, por tanto, la acción es progresiva, altamente gestual, mimética y funcional. "Con el jabón bon…", es el estribillo que motiva un baile colectivo de mujeres; al principio interpretan trece, luego otras se van incorporando, donde solistas y coro forman la misma danza.

Se percibe el contoneo y desembarazo al caminar, al gesticular, al hablar, al cantar, en fin, al expresar lo que propiamente caracteriza a la mujer cubana que habita los solares. Es una danza movida y alegre con un marcado sentido sensual y un tanto erótico, que se expresa en el movimiento de caderas, motivo coreográfico fundamental de movimiento, que marca una forma repetitiva de la coreografía en su totalidad: siempre se vuelve a él, por supuesto cambiando la intensidad y cualidad de la ejecución, se manifiesta diferente dentro de las secuencias de movimiento donde se produce, acentuado, rítmico y ligado correspondientemente.

Las intérpretes lucen dos posturas, la postura erguida y la postura con el peso del cuerpo ligeramente inclinado hacia delante en consecuencia con las acciones que realizan. Los brazos se alzan al aire indirectamente y se relajan con moderación, se latiguean o sencillamente hacen otros gestos funcionales de trabajo, mojar, restregar, sacudir, exprimir, tender, etc.

Esta sección se hace dinámica, se establecen combinaciones fundamentalmente con el peso y el tiempo que hacen la danza más y menos enérgica en la consecución de movimiento. La energía es fuerte en un tiempo rápido y pesado, cuando los movimientos se realizan por golpeo de las partes (caderas y glúteos). El sacudir de hombros se advierte con las dos graduaciones de energía, se hace suave cuando el movimiento se ejecuta lentamente y fuerte cuando se hace rápido, manteniéndose el peso liviano y el flujo liberado.

Las acciones básicas son determinantes en la danza de esta sección. Sacudir se realiza externamente con las extremidades y también se descubre con todo el cuerpo. El trabajo con útiles, justamente el uso de las sábanas implicó actuar con el objeto atendiendo a sus características y a su funcionalidad. La sábana se convierte en el elemento vital de la ejecución, su largo, su ancho, su volatilidad y manejabilidad declaran las acciones sacudir, flotar y torcer, que han permitido mediante una constante transformación, construir imágenes de movimiento e imágenes visuales espectaculares acentuando el carácter de la danza que es alegre y solaz.

La danza variablemente desarrolla frases rítmicas, asumiendo o contrastando las pautas que marca el acompañamiento musical. Durante la ejecución se trabaja con los cambios de peso y con cambios respiratorios en dependencia de las secuencias de movimientos. Hay variación en el ritmo de ejecución danzaria.

El primer lenguaje danzario que se identifica es el folklórico, esta creación danzaria contiene pasos y movimientos de dos bailes populares tradicionales; del son toma el paso básico, la posición de brazos y el movimiento de caderas de la mujer y del chachachá sólo toman el paso básico. Es muy utilizado el movimiento alterno al sacudir los hombros que se ejecuta en danzas como la *makuta*, los bailes de la rumba y los bailes campesinos, con este movimiento se enfatizan los gestos de trabajo.

Del lenguaje clásico son utilizados los pasos, *développement, détournée, demi ronde jambe, ronde jambe en tournent* y *pirouette en dedans*. Al término de la evolución el paso *grand battement ronde jambe* se invierte con el motivo coreográfico, marcando un orden repetitivo en la ejecución. Esta inversión repetitiva se torna graciosa, donde detalladamente con cada movimiento, con cada gesto se nos da a entender que la actividad laboral, traducida en la danza finaliza.

La haptogénica (es la manera de tocarse y de tocar a los demás) se manifiesta en primer orden en los gestos de trabajo: Imposición de un puño sobre otro, frotarse las manos, secarse la frente. Y en segundo orden se vincula a los gestos emocionales: Las manos encima de la cintura, abiertas o cerradas indican seguridad, también se torna en un gesto sensual; ponerlas haciendo barrera por debajo de la cintura es expresión de incomodidad; cruzar los brazos por delante del cuerpo indica calma; golpear los glúteos con las manos es un gesto de vanidad; poner una mano abierta muy próxima a la boca e inclinarse hacia una dirección, significa tener discreción y ponerlas haciendo barrera por delante del cuerpo es un gesto de sumisión. Todas estas maneras las descubren las intérpretes en distintos intervalos de la ejecución.

Los cuerpos no llegan a enlazarse, están muy próximos, pero no con ánimo de interrumpir el espacio ajeno, sino en la misma relación que se establece en el diálogo, que requiere estrechar el espacio de la acción. Ellas descubren diseños corporales que dibujan la línea circular en el movimiento sinuoso de los hombros, el torso y las caderas, pero estos mismos movimientos al ejecutarlos atacados, consecutivos y rápidos dibujan líneas rectas, manteniéndose las extremidades superiores e inferiores en el margen de transición, donde la rectitud se flexibiliza. Estos diseños se comportan simétricos y asimétricos contiguamente.

El juego de intérpretes y la ejecución danzaria se establece alrededor de la batea, donde tienen una disposición grupal espontánea. En el segundo período de la ejecución el grupo se divide; un subgrupo permanece en la batea y el resto se ha situado en diferentes puntos del espacio total, momento en que interactúan con la utilería. Luego hacen un despliegue con el cual la danza se traslada a mayor área, en el espacio total se disponen en tríos, cuartetos y en grupo de ocho, que desde la toma aérea de la cámara describen figuras geométricas primarias, el rombo y el rectángulo. Seguidamente se dividen en dos grupos, el primero se desplaza hacia la tendedera presta en el patio y el otro grupo se traslada hacia la terraza; en el afán de tender las sábanas descubren una frase de movimiento diferenciada y chistosa que le da término a esta sección de danza.

Vector significante

El baile de la batea, situado en el vertedero (como lo indica el personaje de Yeya), constituye el aliviadero de tensiones entre distintas personas. Estas diferencias se detallan abiertamente por medio de comentarios punzantes, con la intención de involucrar a toda la comunidad. Lavan la ropa, pero con el jabón y el cepillo se restriegan las intrigas y las verdades, de comportamientos escurridizos que han dado pie a chismes en el solar. A término dejan sus diferencias a un lado, se unen en la música y la danza, para demostrar lo placentero y gratificante que puede ser el acto de lavar, porque esa acción es vehículo de comunicación entre las lavanderas de la comunidad del solar.

- Capítulo 3 Le Démon de l' après midi de 12 a 3 P.M.

Tercera sección de danza: El baile de la escoba

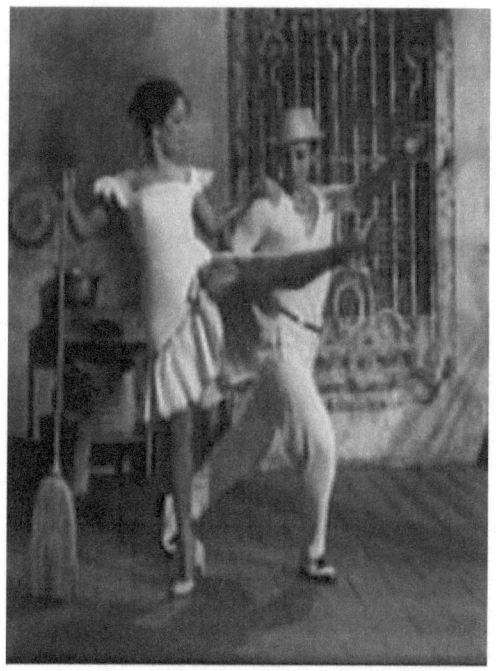

Fotograma tomado de la película *Un día en el solar*.
<u>https://www.youtube.com/watch?v=VVcm4Vk5dNc&t=107s</u>

Estructura

Este baile es identificado por muchos como el *pas de deux* de la escoba, mas no describe exactamente la estructura danzaria con que se reconoce este formato en la tradición balletística. El baile se estructura en dos períodos, uno introductorio donde hay un constante cambio entre los diálogos y la ejecución del movimiento físico. El segundo, nudo o desarrollo donde se abandona todo tipo de parlamentos y la acción se centra en la danza, éste en su punto alto o clímax concluye abruptamente, ambos describiendo la estructura narrativa.

En esta sección de danza ocurre todo lo contrario que en la sección anterior. Esta vez la danza va marcando las pautas que determinan el ordenamiento, el carácter y el acompañamiento musical, pero la estructura musical se comporta abiertamente, ya que no fija una forma musical única, sino varios motivos donde todos están tratados a igual escala.

Tiempo

En esta sección de danza no hay tantos cambios de velocidad como variaciones del flujo del tiempo. Se nos presenta un ambiente aparentemente tranquilo y en calma, fluyendo la acción con mucha lentitud. Esta sección de danza difiere de las otras porque hace uso de diálogos discontinuos que van retardando el tiempo y más cuando los intérpretes procuran su propio *tempo* íntimo en las locuciones.

El tono tardo que posee desde el principio se realza cuando interrumpidamente y en momentos precisos, se introducen la música y la danza, alcanzando la lentitud un tono poco vivaz. Hay una pequeña pausa importante en la acción que se vuelve en cambios de actitudes en el juego de los intérpretes, es cuando se introduce el baile de guaguancó (donde la mujer acude al desafío sexual iniciado por el hombre); en el baile con el acompañamiento de la clave y el tambor, la ejecución se hace más lenta todavía, hasta la culminación del tema.

La ejecución de algunos movimientos, los giros, los saltos, el *grande battement ronde jambe*, son ejecutados con rapidez, diferenciando la sinuosidad que caracteriza esta creación danzaria de 6:48 minutos de duración. Ya en la coda, tanto danzaria como musical hay un cambio de velocidad rotundo donde se abandona toda lentitud y el tiempo trasciende impetuosamente a un aire *Allegro* que no tiene muchos compases de duración y de este modo cierra la acción dramática.

Espacio escénico

La acción también se desarrolla en el patio del solar. Todas las áreas han sido sometidas a la ejecución danzaria, la barra, las columnas, las escaleras (pasamanos, descansos), las aceras, los pasillos libres de artefactos y consecuentemente han enriquecido la danza, inicialmente porque ha permitido realizar su ejercicio fundamental, barrer y luego porque la utilización del espacio es coherente con el desplazamiento de los danzantes y la acción dramática.

Desde luego, el espacio sigue siendo construido por lo que han filmado las cámaras y las tomas realizadas nos permiten divisar desde diversos planos la ejecución, ya desde los *close-up* hasta los planos más distantes. Todas las tomas son válidas, solo hay un espacio de tiempo de 4 segundos máxime donde se interrumpe la visión del hecho danzado. Por lo general, el área más utilizada es la que se muestra como el centro del patio y la cámara recoge la acción desde el ángulo visual frontal.

Música y sonoridad

Tema: Barriendo entre dos
https://www.youtube.com/watch?v=C2xpiEAApFI&t=67s

No llega a desarrollarse completamente un solo tema musical en esta sección de danza, el compositor introduce un tema, lo secciona e introduce otro diferente, uno detrás de otro, sin que ninguno llegue al punto final o clímax. Se trata de un experimento con éste y otro género, que resultan en una fusión o popurrí de distintos géneros musicales.

Desde el punto de vista compositivo no todo lo que se aborda es meramente cubano. El compositor utilizó motivos musicales extra nacionales, por eso la orquestación varía según el género musical que expresa y para ello utiliza instrumentos con los que se ejecutan tales géneros, en formatos diversos y eso nos permite distinguir y disfrutar la riqueza en timbres instrumentales que posee esta pieza. Se percibe fundamentalmente el género *latin jazz* (en sí misma es una forma musical donde se unen los géneros del *jazz* con géneros latinoamericanos) en el tratamiento de la armonía.

Fuera macro orquestal o con un formato más pequeño, pero la alusión melódica al tema se pierde por muchos momentos porque la idea que se persigue es recrear y experimentar a partir de géneros, formatos de manifestaciones musicales (...). Va haciendo una liga de géneros lentos y luego más rápidos, para jugar con esa dinámica, pero también con esa dialéctica en sí misma del baile. (Entrevista a Manuel López Martínez)

En la composición se introducen temas de *bossa nova*, de yambú y con mayor persistencia del chachachá. Este constante fluctuar de fragmentos de temas musicales apoyan los cambios de disposición en el accionar de los danzantes, siguiendo el drama y a su vez los cambios en la estructura danzaria.

Son utilizados otros recursos, el canto y el silbido, que melódicamente significan citas de la diana de la rumba, más tarde expuesta por los instrumentos de viento. Estos recursos no hacen más que reafirmar el género que se está tratando. Cuando se introduce el tema de yambú curiosamente se ejecuta su célula rítmica en la clave y sobre ella la improvisación de un solo tambor, un formato minúsculo con respecto al formato tradicional con que se interpreta este género musical. Cuando se tocan otros temas musicales se interpretan con un formato orquestal.

Hay un elemento sonoro de suma importancia dentro de esta sección de danza, las voces de los intérpretes, con ellas se comienza la acción dramática por medio de preguntas, respuestas y comentarios que al inicio pueden resultar inconexos, pero con el cambio de actitud que van asumiendo los intérpretes en sus intervenciones, los diálogos van siendo comprensibles para el que escucha. Ambos interlocutores para expresarse han utilizado el registro medio-bajo y la voz de pecho, tan bajo como se los ha permitido su aparato vocal. Son voces poco tensas que casi no se escuchan porque susurran las palabras, para que nadie ajeno sepa de qué se trata su conversación.

La situación dada es un expreso coqueteo sujeto a los diálogos, en correspondencia al cual se trata de sostener una estratégica conquista, construyendo versos graciosos, con un timbre agradable y provocativo con los que él logra sacarle a ella la sonrisa. Ella completa sus respuestas con monosílabos, modulando su timbre en modo despectivo y donde progresivamente denota un cambio de postura para con su oyente. Él no cesa su insinuación con un timbre claro y firme; la voz de ella se hace más cálida y débil, aflojando su severidad, entrando en un plano más íntimo y con esa misma expresión se disponen a danzar.

Escenografía

La acción tiene lugar en el mismo patio del solar, al no cambiar el local se disfruta de la misma escenografía. Se ha colocado una barra que resulta un poco inorgánica con el contexto, pero es un medio por el cual se desliza y se desplaza la ejecución danzaria y su utilización le confiere cierta singularidad a la interpretación.

En esta ocasión resulta imprescindible el uso de otro útil, la escoba, so pretexto del intencionado coqueteo que encuentra en la danza su más acabado modo de expresión. La escoba al ser un objeto que simula el falo varonil significa el enlace entre el hombre y la mujer en una intencionalidad erótica y sexual. Las posturas y posiciones adoptadas por los ejecutantes en la acción se centran en su uso funcional, pero en su uso simbólico, delatando este tipo de interacción íntima que significa lo sexual; además, con la escoba se extienden las extremidades de los danzantes ampliando la ejecución, que permite realizar una serie de pericias que hacen de la coreografía una creación atractiva, elegante e inusual.

Movimentalidad

El acto de seducción entre un hombre y una mujer es lo que motiva este dúo coreográfico. Se recrea el baile de guaguancó donde los partícipes se circundan y se regodean. El hombre juega el papel de conquistador asechando con cada movimiento; la mujer intenta no ceder a sus pretensiones, hasta que consiente y deja al descubierto sus deseos de participar en la travesura. Ha sido muy elaborado donde el continuo fluir del movimiento demuestra elementos de los lenguajes danzarios clásico, moderno, de la danza-*jazz*, de la expresión corporal y predomina el baile de guaguancó. Todas estas modalidades están muy bien consumadas y de alto rigor técnico-danzario y artístico.

Es muy expresiva la ejecución del paso *développement* (por parte de la bailarina), porque es el movimiento que establece la transición del diálogo verbal, hacia el baile de pareja.

Los intérpretes ejecutan muchos giros, tanto los giros clásicos *pirouettes en dehors* y *en dedans, vuelta en à la seconde, tours;* como los giros en posiciones cerradas, con caderas desplazadas y fuera de su eje central de equilibrio, éstos son característicos del lenguaje moderno y de la danza-jazz. En esa misma disposición, incorporan los movimientos contracción-relajación, también característicos de estos tipos de danza.

La evoluvión danzaria está marcada por el movimiento de la pelvis desplazada de su eje central de equilibrio, por ser la región donde se alojan los órganos genitales tanto masculino y femenino. Este proceder mediante los movimientos pélvicos se debe a que el baile al que se alude tiene una connotación simbólica sexual, que es la misma del baile de guaguancó y en este mismo sentido, es importante el movimiento de caderas de la mujer.

El vacunao —movimiento alegórico del acto de penetración sexual del hombre a la mujer— es el movimiento característico del baile de guaguancó. Aquí se demuestra, como en las formas de bailar que ha fijado su práctica danzaria tradicional, acostumbrados al uso de útiles y en esta ocasión se utiliza el pañuelo, pero se ha tomado la escoba como un nuevo recurso expresivo que significa el falo varonil; su uso señala otra forma de expresar simbólicamente la penetración sexual y le da carácter funcional a la danza con el gesto de trabajo barrer, que se realiza recurrentemente en los dos períodos de la ejecución danzaria. Bailan con la escoba trazando movimientos descentrados o fuera de su eje central de equilibrio, con predominio en los giros y figuras asimétricas.

Ambos en las extremidades inferiores realizan composiciones de pasos que describen por lo general líneas rectas. La intérprete femenina en su ejecución va describiendo la línea curva o circular en el movimiento de caderas, de hombros, de su espalda y de sus extremidades superiores; mientras que su interlocutor describe la línea recta con todo su cuerpo. Los intérpretes siguen dos líneas opuestas que resultan diseños corporales muy atractivos a la vista y a su vez contrastan entre distintos niveles espaciales, sin enlazarse en ninguno de los momentos, aún cuando uno invade el espacio ergonómico del otro.

En contables momentos de la evolución danzaria, ella se ubica en nivel alto y él en nivel bajo, esta ubicación del hombre por debajo de la mujer da a entender que él asume posturas de sumisión en el mismo acto de insinuación que simboliza el baile, pero desde otro punto de observación, su ejecución posee mayor virtuosismo técnico y ha sido creada para que transite por todos los niveles espaciales, tomando el nivel bajo igual significación que los restantes niveles. En una sola oportunidad él se coloca por encima de ella y en casi toda la evolución danzan al mismo nivel.

En cuanto a los diseños espaciales no se presentan grandes formaciones. Los danzantes se disponen en el espacio como mismo las parejas en el baile de guaguancó, cambiando constantemente de lugar, persiguiéndose el uno a la otra y viceversa, solo en minutos breves bailan a la par.

El modo de tocarse está condicionado por los siguientes gestos: Para el bailarín: abanicarse el pullover expresa relajarse ante el calor o ante la presencia de alguien que le inquieta; colocar la mano en la cintura indica seguridad; acomodarse el sombrero, tocarse el cinto, incorporar la cadena a la boca, rascarse por encima de la ropa, son gestos que indican la búsqueda de ideas. Para la bailarina: ella cruza las manos por delante de la cintura buscando estar en calma, pero está a la defensiva; colocarse las manos en la cintura le da seguridad y sensualidad; por último, se toca la cabeza en gesto de seducción.

La acción difiere entre el tiempo danzado y el tiempo de reposo. En su totalidad la energía fluye suave en un tiempo moderado y suave en un tiempo lento; pese a que la ejecución trasciende entre estas dos variaciones del tiempo, logra atrapar la atención de los espectadores, pienso que está determinado por la variación de la energía que se esparce en la ejecución de movimientos individuales y específicos de los intérpretes y no de la ejecución total del dúo.

Los lanzamientos de las piernas, los saltos, los giros, la bajada al suelo y su subida, demandan mayor esfuerzo físico de los danzantes, por consiguiente, requieren emplear más fuerza y peso de la energía, obteniéndose formas más agudas o tensas en su expresión y en ese sentido la coreografía del bailarín, al componerse por todas estas ejecuciones danzarias se hace más dinámica que la coreografía de su compañera, que también hace uso de ellas, pero en menor medida. Ya en la coda o final de esta sección de danza, el tiempo se acelera y se agiliza la acción, culminando en un punto dinámico agudo.

En la interpretación danzaria se señala la relación de pareja, simbolizando predominantemente la relación erótica. Se percibe en el comportamiento de los intérpretes donde constantemente entran en juego las insinuaciones, las provocaciones, el rechazo, la burla, ya desde la palabra o el gesto. Si el impulso es la atracción sensual y el deseo sexual y al estar ligado a todos estos cambios emocionales, permite afirmar que esta creación danzaria se ha trabajado con ritmo emocional.

Vector significante

Este baile entre dos y solo para dos, identificado como el *pas de deux* de la escoba, literalmente es un *flirt* o coqueteo sensual. Es un diálogo danzado que se establece a partir de mofas, preguntas y exclamaciones por parte de los partícipes, un juego entre el hombre y la mujer, donde ella buscando huir a sus pretensiones decide barrer el patio del solar y el hombre se lo impide en su constante persecución; el juego va adquiriendo otro sentido, ya en el segundo período se perfila en seducción, cada individuo se muestra lo más atrayente o excitante posible y poco después, los intérpretes caen en un divertimento para demostrar quién es el más hábil bailando con la escoba, la mujer resulta vencedora, pues es quien, al final, se queda con ella.

- *Capítulo 6 Desenlace de 8 PM a 12 A.M.*

Cuarta Sección de danza: La marcha militar

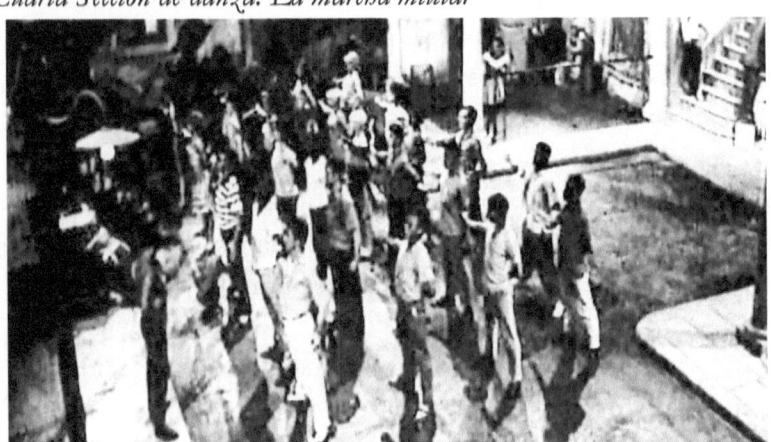

Fotograma tomado de la película *Un día en el solar*
https://www.youtube.com/watch?v=vKd8DTYFKJ4

Estructura

La marcha se manifiesta por el continuo fluir de movimiento, con severidad y sin acentuación. No hay narratividad en la acción sino es una especie de unidad cerrada que se fundamenta en el acompañamiento musical. Hay una voz de mando que indica el inicio y el fin de la ejecución, con expresiones de carácter imperativo que de antemano ya apuntan el modo y el movimiento a ejecutar, como suele ocurrir en la realidad, en los escuadrones de Infantería de un ejército militar.

Los movimientos se organizan en frases o secuencias de pasos que se construyen por tiempos pares, ajustándose al tiempo fuerte del acompañamiento musical. En el compás 4/4 en su subdivisión, hay cuatro tiempos fuertes, hay frases de movimiento que siguen exactamente esa disposición métrica, otras hacen rejuego con los tiempos débiles de la música, estableciendo un contrapunto entre música y danza donde pondera la exactitud.

Tiempo

De 1: 24 minutos de duración, esta sección de danza no presume de cambios de velocidad ni variaciones del flujo de movimiento sino todo lo contrario: la cronología de movimiento es de una austera constancia; no hay mutis ni tardanzas, conservando el mismo ritmo de ejecución de principio a fin y el aire de *tempo* que se percibe es *Allegro vivace*.

Espacio escénico

La acción se desarrolla en el patio del solar. En esta sección de danza los mismos diálogos inducen la entrada de los ejecutantes que acuden vagamente y con desgano a los llamados: ¡Vamos a formar!, para integrar el escuadrón. Algunos de los ejecutantes se encontraban dispersos en el espacio total y poco a poco el resto se fue incorporando a un diseño, dispuesto en 6 filas que tomó casi todo el espacio del patio, desde el inicio de la ejecución hasta su conclusión; esta vez, las cámaras ajustaron la toma aérea donde se observa a todos los ejecutantes de perfil. Danzar con la técnica militar significa moverse en todas las direcciones del espacio, pero, el espectador percibe los cuerpos que parten y regresan a su posición de inicio.

Música y sonoridad

Tema: Este paso militar es muy popular
<https://www.youtube.com/watch?v=1A_FQJRJiM8&t=12s>

Evidentemente el género que se ejecuta es una marcha militar, es una pieza de no más de 40 compases que describe el compás de 4/4, interpretada fundamentalmente por instrumentos de viento metal, viento madera e instrumentos de percusión. Se introduce con los redobles de la caja (instrumento de percusión) y luego se van incorporando el resto de los instrumentos que van desarrollando melódicamente el tema inicial de la banda sonora del filme. Este género musical se caracteriza por ser muy adornado desde el punto de vista técnico-interpretativo, pues son muy usados los mordentes, los trinos y se utilizan las fórmulas rítmicas la síncopa y el contra tiempo.

Movimentalidad

Con las frases ¡Atención! ¡Mirada al frente!, se inicia una marcha militar interpretada por el cuerpo de baile, integrado por 24 bailarines. La marcha militar no se inscribe como un género danzario, pero sí es una técnica corporal bastante estricta, que comenzó su práctica durante la lejana Edad Media. Su motivo fundamental es organizar a los soldados en la infantería a pie o ligera, considerada la fuerza principal del ejército. Con ese mismo motivo se introdujo en la comedia musical, pero no con fines inmediatamente bélicos, sino para disciplinar a los vecinos del solar.

Aunque es una creación danzaria no se desecha la técnica corporal militar. Su belleza radica en los diseños espaciales que siguen líneas rectas, de la hilera pasan a la fila y viceversa, donde los bailarines conservan esas líneas en su permanente y coordinada ejecución. Los diseños corporales también persiguen la rectitud con mayor uso de la asimetría, enfatizando el movimiento de las extremidades superiores e inferiores, donde el torso es poco flexible; se trabajan los pares de puntos, derecho-izquierdo y delante-detrás, siguiendo una trayectoria lineal, proyectándose la postura erguida, rígida, con posiciones paralelas.

Los bailarines golpean una y otra vez sus piernas fuertemente en el suelo en casi toda la ejecución, para darle el carácter potente y firme que requiere esta interpretación, que ha implicado moverse con peso pesado, espacio directo y tiempo rápido. Aprecio que esta creación danzaria manifiesta el ritmo motor, pues casi todas las frases o secuencias se efectúan predominantemente con cambios de peso.

Se ejecuta la técnica militar que contiene los giros, izquierda, derecha, media vuelta; las posiciones parada descanso y tercien armas. Los pasos que conducen la marcha, paso revista, paso derecho, paso ordinario y paso camino; todas estas coordinaciones de pasos y giros desde la estilización han sido ampliadas, aplicándoles cambios de niveles que se combinan con los movimientos *piqué, relevé, pirouettes* y con los pasos *grand battement devant* y *grand battement à la seconde*, donde hay repetición de los giros. Se introducen las posiciones paralelas y las torsiones, con distintas posiciones de los brazos, que le dan a la ejecución una acentuación elegante, también flexible, pero sin perder la peculiaridad esencial de perpetuar el patrón rítmico de la música.

Vector significante

La marcha es la presentación escénica de una práctica militar. En Cuba, luego del triunfo revolucionario, cada comunidad debía estar preparada para la defensa del país de ocurrir un conflicto interno o alguna penetración enemiga foránea, en cualquier parte del territorio nacional; por esta razón, ocurre la introducción de las milicias populares, primero en zonas rurales, después en zonas urbanas y suburbanas, siendo uno de los acontecimientos más trascendentales de nuestra historia, que comenzó en la década del 60.

Hay un llamado a marchar, a lo que los vecinos acuden a regañadientes y poco entusiasmados. Acuden a un llamado impuesto, por alguien ajeno al grupo, que no está al tanto de lo que sucede, por ello sus palabras resultan un tanto desentonadas y poco alentadoras. Se intuyen los estados de ánimo caídos en una angustia colectiva, secuela de todos los enredos de los que la mayoría de los vecinos han sido partícipes, cada cual absorto en sus ideas expresa su aflicción.

Aquí se ubica el gran problema de la trama que con la marcha se disimula, pero no se logra solventar.

Quinta sección de danza: La Rumba

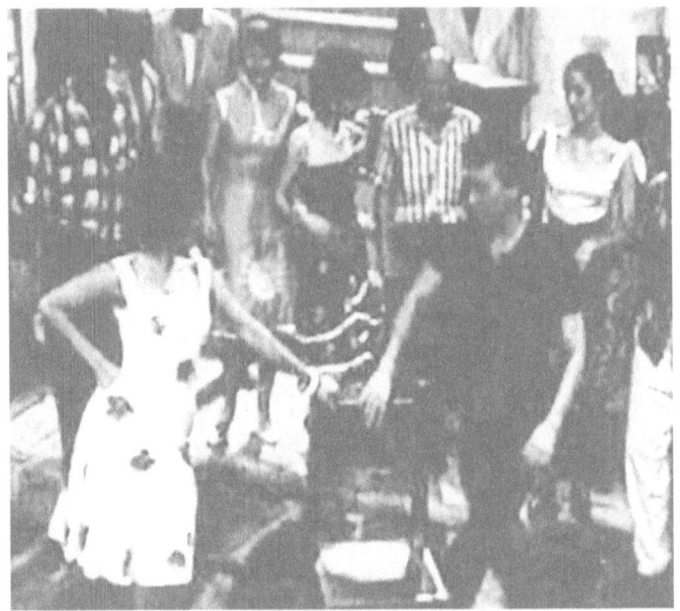

Fotograma tomado de la película *Un día en el solar*.
https://www.youtube.com/watch?v=y3Ja6I6dhNs

Estructura

Intervienen el cuerpo de baile y los solistas. La ejecución danzaria se dirige en dos sentidos de movimiento, primero, la permanente ejecución del cuerpo de baile; segundo, las entradas y las salidas de los ejecutantes, a solo, a dúo, a trío o en grupo, hacia el centro de la rueda de la rumba. El cuerpo de baile se establece como el iniciador de la ejecución danzaria, de ahí parten las siguientes interpretaciones de los que al bailar se independizan, que al término de su expresión regresan al mismo. En casi la totalidad de la proyección se sigue este ordenamiento y en los últimos minutos de la sección de danza, se funden los dos sentidos de movimiento en uno, para bailar al libre albedrío.

Tiempo

Esta sección de danza le da término al filme, el tiempo en que transcurre es alrededor de 7:00 minutos, pero estos minutos ante los ojos del espectador parecen tener mayor duración, pues de la manera en que se nos presenta es como si estuviéramos en un toque de rumba real. Cuando el baile se hace acompañar por la música en vivo, el aire de movimiento es lento y las variaciones que sufre están dadas en la rapidez que cada intérprete le otorga a una gama de gestos y movimientos que circulan, sobre la base del fluir de movimientos lentos. Por lo general, así es como se comporta la ejecución danzaria en este baile.

La introducción de la música orquestada es el detonante inmediato del cambio de aire de movimiento, se asciende de un *tempo Andante* a un *tempo Allegro vivace*. Este indicador de tiempo determina la ejecución danzaria hacia la rapidez y ciertamente así es como se manifiesta; ocurre como una explosión de tiempo donde las acciones físicas se producen precipitadamente, que apenas se perciben los tiempos de silencio necesarios para la respiración corporal. Las diferentes y sucesivas intervenciones de los intérpretes van exponiendo cambios de acentuación de la velocidad del tiempo y hasta llegan a denotar patrones rítmicos. Estas acentuaciones oportunamente hacen que la danza sea atrayente, excitante y alcance vigor y con ese mismo empuje culmina la sección de danza.

Espacio escénico

El patio del solar sigue siendo el espacio de presentación. El espacio se ha trabajado a modo de escenario teatral, las tomas de las cámaras nos permiten observar distintas áreas donde la acción toma o pierde fuerza visual. La danza se despliega en coro, donde el mayor grupo de ejecutantes mantiene una posición semicircular o medio rectangular, trazando el foro de la escena, rodeando a los que salen a la zona que se ha establecido como centro —la de mayor fuerza visual—. La danza se observa desde ángulos de visión próximos, pero los ángulos de visión lejanos son los más utilizados, principalmente desde la toma aérea; por supuesto, se ha buscado filmar todo el elenco artístico donde el espectador gana una apreciación omnipresente.

Música y sonoridad

Tema: Guaguancó final
https://www.youtube.com/watch?v=rU2MFjxR6ZE

El género musical que se escucha desde la música en vivo hasta la música orquestada es el guaguancó. La música del filme ha sido grabada y editada y en la escena fílmica que corresponde a esta sección de danza, hay instrumentos que simulan interpretar en vivo, los que conforman un pequeño conjunto instrumental que acompaña el canto del solista y el coro, integrado por tres congas o tumbadoras y un par de claves, la estructura musical que persiguen consta de la diana, las improvisaciones, ambas entonadas por el solista y el montuno o estribillo donde se incorpora el coro.

Luego hace entrada la música orquestada en el formato *Big band*. La sonoridad de la orquesta también trata al género guaguancó y al carácter responsorial que se expuso con el capetillo. La clave de rumba[5], ha sido ejecutada con las claves, pero luego se reelabora por los instrumentos de viento en la composición orquestal; interviene, además, el floreo de la percusión que con sus repiques sella la composición hacia una sonoridad originaria.

---

[5] La integran distintos figurados; funciona como la base rítmica de los instrumentos de percusión, tomándose un figurado en específico, para la ejecución musical de cada uno de los géneros rumberos.

Se persiste también, en la ejecución de la célula rítmica que identifica a la columbia (otra de las variantes de la rumba), no se ejecuta con el catá (instrumento de percusión), sino que se obtiene golpeando directamente una botella de cristal con un percutidor metálico y en el cajón se toca la célula rítmica que tradicionalmente describe el catá del guaguancó, con esta combinación percusiva se consigue una sonoridad contrastada entre agudísimo y bajo que establece el *obstinato* sonoro, que acompaña algunas escenas finales, significando el testigo que nos avizora de lo que sobreviene.

La voz humana adquiere relevancia en esta sección de danza, pues en todo momento nos indica lo que acontece y más cuando es la voz a coro de todos los que se encuentran en el solar. Se escuchan los gritos, las risas, acciones vocales que determinan, los dichos, las insinuaciones y el canto; modulados en distintos tonos (principalmente el tono de burla), timbres y en los disímiles registros. Es una amplia escala de significantes que no son difíciles de descifrar; esas voces nos entregan el ambiente jovial y festivo que caracteriza el toque de rumba, ya fuera en goce o rechazo estético del hecho musical y danzado y el canto es el mecanismo por el cual se reafirma la acción dramática.

Movimentalidad

Estamos en presencia de un toque de rumba y la danza es motivada por la expresión musical. Se ha hecho una creación danzaria sobre el lenguaje danzario folklórico y el género que se desarrolla es el guaguancó. Tradicionalmente este baile tiene un margen amplio de improvisación y en esta práctica se ha respetado esa característica, pero es evidente que se ha coreografiado tanto para el cuerpo de baile, los solistas, como para los grupos de intérpretes reducidos.

Es un baile colectivo que se desenvuelve en distintas entradas y salidas en sustitución de los participantes, hacia el centro de la rueda de la rumba, donde prepondera la ejecución de los protagonistas de la historia; ellos establecen un trió danzario, una controversia amorosa entre dos hombres y una mujer, los tres se incitan y retan haciendo gala de sus habilidades donde extralimitan sus propios cuerpos e incorporan danzar con objetos.

Los intérpretes se ubican en distintas posturas naturales, sociales, en las cuales casi todo el tiempo el cuerpo tiene una ligera inclinación hacia delante, en actitud de disposición o de atención. Los que integran el cuerpo de baile, en sus cuerpos van describiendo el movimiento alterno de hombros, ladeo del torso y el movimiento de caderas de las mujeres. Los solistas descubren posturas más estiradas y poses artísticas que vinculan posiciones contraídas y posiciones erectas. Todos los danzantes incorporan una variedad de diseños corporales simétricos y en mayor uso asimétricos, pasando por los distintos niveles del espacio bajo, medio y alto.

Los diseños corporales son más significativos que los diseños espaciales, estos últimos casi no se aprecian; las disposiciones en el espacio conforman una multitud, las personas se posicionan libre y espontáneamente, solo se ha establecido el semicírculo o medio rectángulo (siguiendo el diseño de la acera del patio) del coro, que dista del centro, donde toma lugar el baile de pareja. Son más atrayentes las imágenes corporales que resultan de la unión o la corta proximidad de los cuerpos y no las formaciones espaciales que estos consiguen en el desarrollo de la coreografía.

Dentro de la creación danzaria hay frases de movimiento que se realizan con cambios de peso y a su vez siguen el patrón rítmico de la clave de la rumba, pero también palpita la emoción, pues en esta sección de danza, el goce, el disfrute (como una manifestación de la alegría) es lo que perennemente insta a bailar, entonces, se puede concluir que en cuanto a ritmo se varía entre el ritmo motor y el ritmo emocional.

El cuerpo de baile recrea un ambiente festivo, emite un bullicio de locuciones que tienden al choteo, a la par que ejecuta el paso básico de la rumba donde cada danzante baila con independencia; luego del segundo estribillo del coro, realizan una frase repetitiva de movimiento que se ajusta a la clave de rumba y con el tercer estribillo, se vuelve a la libre expresión del cuerpo. En la tercera inspiración del gallo, el cuerpo de baile luce un *obstinato* rítmico bailado, que persigue 12 ejecuciones de la clave de rumba, la cual finaliza en una dispersa actuación donde el baile colectivo no origina una práctica estricta.

Dentro del mismo conjunto danzario existen subgrupos de tres o cuatro integrantes que tienen pequeñas secuencias de movimiento con el justo fin de acompañar y favorecer las acciones de los solistas, los que en sus coreografías y sus improvisaciones están estructuradas por movimientos del baile rumbero y otros movimientos fuera de sus códigos. Hay una consecución de pasos del guaguancó incluso de la columbia y movimientos balletísticos: *pirouettes en dehors* y *en dedans, tours, grand battement fouetté,* vuelta en *á la seconde*, levantamientos *à l' air* y levantamientos *par terre*.

También realizan movimientos acrobáticos: volteretas y giros por encima de la mesa; tomar el taburete para hacer malabares y con el mismo trasladarse a pocos metros de distancia, para culminar saltando desde este objeto. Bailar con la tumbadora suscita realizar una serie de destrezas donde se transgrede su esencial utilidad, se percute, se traslada de lugar, se acomoda a distintas partes del cuerpo, se lanza y sorprendentemente es objeto de golpeo por glúteos; todo esto responde a la intencionalidad de expresar comicidad y espectacularidad en la danza.

La ejecución danzaria se hace bastante dinámica, hay una incesante variación de la energía en la realización del movimiento muscular. Los movimientos de los hombros, del torso, de las caderas tienen una energía suave cuando el movimiento se ejecuta lentamente; al realizar los mismos movimientos, en un tiempo rápido y al sacudir esas partes del cuerpo, la energía es fuerte, manteniéndose en ambas progresiones el peso liviano y el flujo liberado.

Para realizar el vacunao, el hombre utiliza fundamentalmente movimientos pélvicos y movimientos de las extremidades inferiores; también usa los brazos libres y por lapsos blande el pañuelo, zarandea las piernas o realiza movimientos en los que interviene todo el cuerpo. Estos gestos por lo general son atacados, los ejecutantes operan con la acción básica golpear, son movimientos rápidos, directos, fuertemente enérgicos, pesados y fluyen restringidamente.

Vector significante

Como mismo sucede en la realidad, la música se presenta como elemento propiciador de la reunión de personas que acuden al llamado de la sonoridad, para hallar alegría, deleite y en el baile encuentra su mayor expansión. En las improvisaciones del cantante solista se narran algunos de los conflictos que han vivido los individuos que habitan el solar; esas narraciones tienen un tono jocoso y de doble sentido, de modo que no se refieren directamente a nadie, pero, todo el mundo conoce a quién va dirigida la inspiración.

En esta sección de danza ocurre la reconciliación entre los personajes. Una vez más el baile popular es el acontecimiento que favorece las relaciones sociales entre los individuos, donde abandonan todas diferencias y se unen para regocijarse en colectividad, en esta ocasión el contacto erótico entre las parejas es imprescindible, pues el baile de guaguancó, como motivación y expresión danzaria, se resume en esas dos palabras.

Esta sección de danza está muy bien ideada y organizada. Todas las acciones funcionan en pos de presentar el toque de rumba y se encuentran infinidad de situaciones personales, por ejemplo: la encargada hace alarde de su meneo; la muchacha joven baila con tal sabrosura que provoca ser asediada por los hombres, principalmente por su novio y el chulo que no deja de pretenderla; las mujeres celosas de ella les reclaman a sus maridos; la señora mayor añora recuperar su taburete que lo han tomado para con él danzar, etc. A la cita no faltan aquellos que se limitan a mirar, comentar, reír, cantar y gritar, en fin, a divertirse a sus anchas. El baile termina en un desenfreno total, muchos de los partícipes se desplazan al centro de la rueda para sin temor y con desenfado expresar su cuerpo. Lo que importa de inmediato es bailar al extremo de sus posibilidades.

Valoraciones finales del Análisis dancístico

La banda sonora de *Un día en el solar* luce un tema musical fundamental, pero no está explícito, se desenvuelve tanto que por momentos se pierde la originalidad del tema. El tratamiento de la armonía, el movimiento que se va haciendo entre acordes, es lo que más está vinculado al tema original; a pesar de este hecho, la música está muy bien concebida desde el punto de vista incidental, responde plenamente al ambiente de solar que se ha construido y en la música se percibe la confluencia de culturas que significa el solar, donde cada personaje es su propio universo cultural.

Los géneros musicales y los bailes no se corresponden exactamente en todas las secciones de danza. Yo intuyo que fue intención de los creadores, tanto del coreógrafo como del compositor experimentar entre diversos géneros musicales–bailables; esta cualidad define a las secciones: El onírico, El baile de la batea y El baile de la escoba, donde la creación musical y danzaria hacen coincidir formas de baile y de música distintas, produciéndose un resultado estéticamente novedoso.

Las creaciones danzarias del filme contienen los bailes populares tradicionales y los bailes de salón populares tradicionales, el baile de guaguancó ha tenido un tratamiento reiterativo dentro de dos secciones de danza, porque popularmente es el baile que en Cuba significa el solar, además, se adapta armónicamente a las situaciones dramáticas donde aparece. Se introducen también, el son y el chachachá, que a mi criterio estos bailes se aprecian según como lo ha establecido la tradición popular, mas, han sufrido la estilización de manos de un especialista de danza que no llega a adulterar completamente los caracteres que los definen.

Estas creaciones danzarias poseen una carga erótica importante que se percibe en el baile individual-colectivo, pero se enfatiza en el baile de pareja. En el baile de la batea el erotismo se manifiesta en la sensualidad de los gestos y movimientos de las intérpretes femeninas, con la finalidad de mostrar la cualidad sensual innata en la mulata criolla y que a lo largo de la historial teatral cubana se ha abordado con diferente acentuación. En el onírico, donde por momentos la pareja se enlaza como sucede en el baile de salón, el erotismo se expresa a través de acciones elegantes, sublimes, seductoras que responden al galanteo y al cortejo sin declarar abiertamente la finalidad sexual; sin embargo, el baile de la escoba y la rumba donde se demuestra el baile de guaguancó es un deliberado simbolismo del acto sexual del hombre y la mujer.

La danza se ha construido concatenando los pasos de los bailes populares junto a pasos de ballet y nuevos movimientos que son mera elaboración creativa del coreógrafo, donde la gestualidad alcanza un alto valor expresivo. Han sido organizados para a través de la danza, presentar, desplegar, acentuar o disminuir, las realidades a las que se enfrentan los personajes en su constante accionar, por tanto, son danzas que se han creado siguiendo una estructura narrativa. El coreógrafo pese al acto de creación que implica aplicar los tecnicismos danzarios, nos mostró los cuerpos lo más auténticos posible, gesticulando, bailando, cantando, en fin, expresando.

Hay que señalar una peculiaridad en las secciones de danza que contienen el baile de guaguancó, en el caso particular de Sonia, personaje protagónico de la película, en su ejecución no se cubre con la falda como tradicionalmente se realiza en el baile para evadir el vacunao de su compañero; en contadas ejecuciones no responde al mismo, solo permanece en el contoneo de sus caderas o alternando sus hombros, como si con este movimiento sustituyera las acciones cubrirse y sacudirse; desplaza la cadera en la dirección contraria del gesto masculino, sacude rápidamente los hombros y con este movimiento por momentos balancea ampliamente el peso corporal hacia delante o hacia atrás; descripciones que no se aprecian en la danza de otras intérpretes y en Sonia se torna especial. Estas maniobras danzarias responden a la estilización del baile de la rumba, que alcanza su definitiva expresión en la rumba teatral.

Desde la ejecución danzaria existe desnivel técnico entre los solistas y el cuerpo de baile. Los solistas tienen muy bien logradas las coreografías, sus ejecuciones son orgánicas e impecables, en cambio en el cuerpo de baile, particularmente en el baile de la batea, se observan faltas en la ejecución, fundamentalmente al mover las extremidades inferiores, pues las ejecutantes no estiran totalmente las piernas para definir las posiciones cerradas, ni al realizar el paso *développement*, ni al realizar los pequeños saltos; incluso hay intérpretes que se equivocan en la coreografía y esto es algo injustificable para una obra de esta clase.

Rasgos que caracterizan la poética danzaria de Alberto Alonso

La poética danzaria de Alberto Alonso se caracteriza por "la cubanidad en su más refinado sentido popular" (Entrevista a Ismael Albelo Oti). Él incorpora en los códigos de ballet las formas de la danza y el baile popular tradicional, para hacer de la danza un gran arte que se define por lo nacional. Articula el lenguaje clásico y el lenguaje folklórico resultando en una nueva expresión del cuerpo, que se despliega en el constante flujo de movimiento, donde va concatenando las formas de uno y otro lenguaje danzario.

La tendencia de los coreógrafos de la época, principalmente los que se formaron en la tradición balletística, era, componer creaciones danzarias persiguiendo los modelos del estilo moderno de ballet: Crear nuevas formas danzarias que sitúen en contexto el tema que estuviesen tratando; procurar el suelo como nivel espacial; explorar el motivo que le da origen y fin al movimiento; tratar al cuerpo como el material con que se expresan libremente los estados emocionales y los sentimientos; imbricar el trabajo creativo del coreógrafo y del bailarín, donde el intérprete alcanza su propio modo de expresión y conseguir implicar a todo el cuerpo, con nuevas representaciones más sueltas y flexibles para realizar todo tipo de peripecias a través de la dinámica del movimiento. Para Alberto esas nuevas representaciones las logró, incluyéndoles a los lenguajes clásico y folklórico caracteres puntuales del lenguaje moderno y de la danza-*jazz* que enriquecieron y completaron su vocabulario de movimiento.

En sus creaciones es primordial el trabajo del gesto en cada una de sus categorías y con alto grado simbólico, es el elemento que comunica la intencionalidad del contenido y en sus obras irrumpen los temas, las sonoridades, las voces y desde el movimiento las posturas, las poses, los gestos, los ademanes, los modos de desplazamiento, en una actitud corporal de artisticidad que figuran al individuo cubano. El creador le otorga un nuevo sentido de expresión artística.

Alberto Alonso creó danzas para diferentes géneros de la escena como para los medios audiovisuales. Creó ballets, comedias musicales, espectáculos musicales de cabaret, programas de la televisión y para el cine. Independientemente del género para el que haya creado, sus creaciones danzarias tienen rasgos desde el movimiento, que se presentan continuamente. Estos son:

1. Uso de las posiciones paralelas.

2. Los pies en *flex*, o pies flexionados, (al igual que los pies descalzos), son rudimentarios de las formas de las danzas primitivas, las danzas arcaicas de las culturas antiguas y las danzas y bailes folklóricos; los pies en *flex* se muestran en las creaciones danzarias teatrales de fines del siglo XIX y principios del siglo XX, continuado su uso para bailar dentro de cualesquiera de los lenguajes danzarios.

3. Piernas y brazos entrecruzados. Estas posturas son consecuencia de la expresión corporal o gestual, motivados por los estados emocionales y psíquicos que experimentan los humanos durante toda la vida. Los miembros superiores e inferiores entrecruzados, colocados a una altura establecida y según la distancia que diste entre los interlocutores, van a tener significados distintos; una vez introducidos en la práctica danzaria logran inducir la comunicación.

4. Paso *développement*.

5. Movimiento alterno de las caderas.

6. Movimientos de las caderas y la pelvis desplazada de su eje central.

7. Uso de la Contracción-relajación. Principio de la técnica de la danza moderna, presente además en la danza-*jazz*.

8. *Pirouettes en dehors* y *endedans*. Son giros que se demuestran principalmente en el lenguaje clásico o académico, uitlizados indistintamente para cada uno de sus estilos.

9. Utilización de poses sociales y poses artísticas equilibradas y fuera de equilibrio. Cubren igualmente la expresión corporal o no verbal del hombre y la mujer cubanos, individuos que en su andar natural describen varias actitudes que despabilan su comunicación.

10. Ejecución de los giros en posiciones cerradas, con caderas desplazadas y fuera de su eje central de equilibrio. Son muy manejados en el lenguaje moderno y en la danza-*jazz*.

11. Vuelta en *à la seconde*, por lo general lo realiza la bailarina, se ejecuta en el baile de pareja y el *partenaire* se coloca en nivel bajo durante su realización.

12. Doble o triple *Pirouettes*-pose. Usualmente esta secuencia la interpreta el hombre.

Los numerales (11) y (12) especifican frases de movimiento, que son creaciones del coreógrafo, las he observado en muchas de sus creaciones danzarias destacadas por los personajes protagónicos como por los bailarines del cuerpo de baile y casi siempre se encuentran contrapuestas en el baile de pareja.

Retomando lo indicado *supra,* continúo diferenciando los rasgos que se relacionan con la danza y el baile folklórico o popular tradicional cubanos.

(1) Las posiciones paralelas son las que les dan base a las estructuras danzarias que componen las danzas y bailes populares, no siendo así en la tradición danzaria popular de otras regiones del mundo; posteriormente las mismas se insertaron en el lenguaje moderno y en el lenguaje clásico.

(2) El Paso *développement* codificado dentro de la técnica de ballet, se relaciona con algunos movimientos de las piernas que ejecutan los bailadores en el baile de la columbia y sus variantes (la jiribilla, la mañunga, la rumba de los cuchillos y machetes). Según lo que he observado se trata del mismo movimiento, la diferencia radica en la manera de hacerlo o de ejecutarlo para uno y otro lenguaje danzario; en la técnica de ballet este movimiento se realiza partiendo de posiciones abiertas, con los pies rotados hacia afuera realizando empeine o punteo, con progresión por lo general lenta y la pierna que se eleva puede alcanzar un ángulo de separación de hasta 180°; inversamente, en la otra práctica, éste movimiento parte de posiciones cerradas, se realiza con graduación rápida, la pierna que se eleva no excede los 130° de separación y los pies se mantienen en posición natural o en *flex.*

(3) El movimiento alterno de caderas, se relaciona con los movimientos que se ejecutan en la región pélvica (incluye uniformemente las caderas y los glúteos) y que popularmente se ha identificado con el "movimiento de la cintura". En nuestra práctica danzaria existen varias formas de mover la región pélvica: de forma circular hacia los sentidos derecho e izquierdo; hacia delante y hacia detrás; dibujando la trayectoria

del péndulo o dibujando el diseño del número ocho; a su vez estos movimientos pueden ejecutarse de forma quebrada; ligada y con alternancia de los miembros. Se demuestra según como corresponda a cada manifestación, en danzas y bailes tales como: las danzas del oricha Changó, la conga, el son, el danzonete, el mambo, el chachachá, el pilón, el mozambique y el casino.

(4) Movimientos de las caderas y la pelvis desplazada de su eje central. Estos movimientos en las obras de Alberto Alonso tienen una intencionalidad erótica, simbolizando sensualidad, tanto para los roles femeninos y los roles masculinos. Esta intencionalidad erótica acentuada en el desplazamiento y movimiento de la región pélvica se logra igualmente en las danzas y bailes cubanos de parejas, que proyectan el juego de roles entre el macho y la hembra, ya fuera con un sentido religioso, asociado a favorecer la fecundación como la *makuta*, o que se dirijan en sentido profano indicando la posesión de la hembra por el macho y tengan directa o indirectamente entrechoque de los sexos, presente en la yuka, el gagá y el guaguancó.

Rasgos desde otras perspectivas:

- Acompañamiento musical con otras sonoridades y de fuertes patrones rítmicos.

- Introducción de la voz como medio de afirmación dramática.

- El trabajo con objetos, no solo como utilería sino también cumplen una función simbólica.

- Le otorga al cuerpo de baile tanta significación en la acción como a los solistas.

Estos son los rasgos o las peculiaridades de la poética danzaria de Alberto Alonso que se identifican en la comedia musical *Un día en el solar*, identificados igualmente en las creaciones danzarias que existen en formato audiovisual y que logré recopilar, con el objetivo de estudiarlas y analizarlas. Alberto Alonso cuando creó *Un día en el solar* cerró un ciclo de 23 años de creación danzaria ininterrumpida, un tiempo razonable que nos permite patentizar la madurez por él alcanzada en la composición de la danza y se reafirma en el hecho de que esta obra, *Un día en el solar* (1965), es el antecedente inmediato de su versión de *Carmen Suite* (1966), su obra más acabada de valía internacional que desde su estreno hasta la fecha se encuentra en el repertorio activo del Ballet Nacional de Cuba y de numerosas compañías de ballet del mundo, del amplio grupo cito: el Ballet *Kiev*, el Ballet *Bolshói; the Cuban Classical Ballet of Miami* y *the Royal ballet*.

Conclusiones

La labor artística que Alberto Alonso realizó dentro de las instituciones culturales, Escuela de Ballet de la Sociedad Pro-Arte musical de La Habana, Conjunto de bailes del Teatro Radiocentro, el Ballet CMQ Televisión, el Conjunto experimental de Danza de La Habana, el Conjunto de Danzas Alberto Alonso, los cabarets y centros nocturnos, marcó un período donde desarrolló la creación danzaria con una solidez tal, que fue alcanzando reconocimiento como coreógrafo, se ganó el respeto del público, de la crítica especializada y de la comunidad de artistas. Entre ellos muchos lo han considerado el primer coreógrafo cubano y no pocos alegan es el más importante coreógrafo cubano del siglo XX.

La creación de los ballets *Antes del Alba* (1947), *La Rebambaramba* (1957) y *El Solar* (1964), le permitió hacer las exploraciones necesarias en la danza, tomando como principio los lenguajes danzarios clásico y folklórico, en búsqueda de acentuar lo cubano, era a lo que él aspiraba alcanzar en su obra y lo consiguió. Por ello, sus creaciones danzarias fueron fruto de esa intención por plasmar tipos de individuos, situaciones sociales y costumbres de nuestra cultura cubana, con énfasis en la «cultura popular tradicional».

La Teatralización folklórica es el estadío en que se ubican las creaciones danzarias de *Un día en el solar*. Sin llegar a desvirtuarlos ni deformarlos, Alberto estiliza los bailes de salón populares tradicionales y los bailes populares tradicionales; les otorga un nuevo sentido de movimiento y de interpretación al introducirlos en los parámetros de la danza teatral escénica.

De la integración de los lenguajes danzarios, del lenguaje folklórico y el lenguaje clásico –con influencia del lenguaje moderno y la danza-*jazz*– emana la poética danzaria del coreógrafo. En las creaciones danzarias de la comedia musical *Un día en el Solar* se perciben los rasgos desde el movimiento que la identifican. Igualmente, estos rasgos se definen en las más representativas de las obras del creador, *Espacio y movimiento* (1966), *El Güije* (1967), y su excepcional *Carmen Suite* (1966).

BIBLIOGRAFIA

Referencias bibliográficas

(PL). "Elogia 'Pravda' Película Cubana". *HOY*. 20 de jul. 1965: (s, p.). Impreso.

Alvarado, Gladys. "El Conjunto Experimental de Danza (1961-1966). Una experiencia a favor de la Danza Nacional". *Indagación*. 6-2002: 20-24. Impreso.

Álvarez, Luis y Juan Francisco Ramos. *Circunvalar el Arte*. Santiago de Cuba: Ediciones Oriente, 2003. Archivo PDF.

Balbuena, Bárbara. *Un enfoque antropológico para el análisis dancístico*. P. point del Taller de crítica de danza. METD 2 edición, Universidad de las Artes, ISA. La Habana. 2014. Archivo digital.

---. *Las celebraciones rituales festivas en la Regla de Ocha*. La Habana: Centro de Investigación y Desarrollo de la Cultura Cubana Juan Marinello, 2003. Impreso.

Beltran, Alejo. " Un día en el Solar". *Hoy*. 11 de ago. 1965. Cine: (s, p.). Impreso.

Bermejo, Gonzalo. "El Cuarto Festival de cine de la URSS. Presentara Cuba 'Un día en el solar', en Moscu". *El Mundo*. 6 de jul.1965: (s, p.) Impreso.

Bonilla Chongo, Noel. *Elementos a tener en cuenta en el visionaje de un audiovisual de danza*: Taller de historia, teoría y dramaturgia en la danza. METD 2 edición, Universidad de las Artes, ISA. La Habana. 2014. Impreso.

Borges, Alan y Alicia Sardiñas. *Historia del baile y la rueda de casino-salsa*. La Habana: Ediciones Cubanas ARTEX, 2012. Impreso.

Bua, Carlos. "La Habana nocturna. Memorias de un cubano". 27 de mar. 2016. Web. Recuperado el 18 de feb. 2018. *http://carlos-bua.com/la-habana-nocturna/*

Cabrera, Miguel. *El Ballet en Cuba. Apuntes históricos*. La Habana: Ediciones Cúpulas, 2014. Impreso.

---. *Una vida para la danza*. La Habana: Ediciones ENPES, 1990. Impreso.

Capote, Ángela. "Gran Premio Especial de coreografía para Alberto Alonso". *Trabajadores*: 5 de ene. 1990: 6. Impreso.

Carbonero Chao, Graciela. *De la contradanza cubana al casino*. La Habana: Editorial Adagio, 2006. Impreso.

Carnet de baile. Dir. Ortiz de Zarate. Empresa de películas y diapositivas didácticas. Ministerio de Educación Cuba. (s, f). Fílmico.

Chailloux Cardona, Juan Manuel. *Los horrores del Solar habanero*. La Habana: Editorial Ciencias Sociales, 2005. Impreso.

CLACSO. *Manual de metodología. Construcción del marco teórico, formulación de los objetivos y elección de la metodología*. Buenos Aires: Autor. 2005. Impreso.

De lo que habla Pinelli. America CV Network LLC. "Segmento del Happy Hour, América TeVé 7pm", 2015. Fílmico. https://www.youtube.com/watch?v=qro2r5uk-Zc&t=108s

Fernández Novoa, Eduardo. *Expresión corporal*. La Habana: Editorial Adagio, 2006. Impreso.

Fernando es la danza. Dir. Miguel Torres. ICRT. (s, f). Fílmico.

Formato de escritura MLA. Web. Recuperado el 28 de feb. 2018. *https://explorable.com/es/formato-de-escritura-mla*.

Gala de Alberto Alonso. Dir. Antonio Miguel. ICRT. (s, f). Fílmico.

García Ares, Norma. "La coreografía para la Televisión". Tesis de Licenciatura no publicada. Universidad de las Artes. ISA. La Habana, 1992. Impreso.

Giró, Alberto. " 'La rebambaramba', estrenada el Sábado por CMQ-Televisión. Se ratificó el maestro Alonso como uno de los coreógrafos cubanos". (s, f.). Radiovisión: (s, p.). Impreso.

Gómez Ozete, Miguel Gregorio. "Acercamiento a la cubanía de Alberto Alonso". Tesis de Licenciatura no publicada. Universidad de las Artes. ISA. La Habana. Cuba. 1991. Impreso.

González Castro, Vicente. *Para entender la televisión*. La Habana: Editorial Pablo de la Torriente, 2006. Impreso.

Guerra, Ramiro. *Develando la danza*. La Habana: Ediciones ICAIC, 2013. Impreso.

---. *Siempre la danza, su paso breve*. La Habana: Ediciones Alarcos, 2010. Impreso.

---. *De la narratividad al abstraccionismo en la danza*. La Habana: Centro de Investigación y Desarrollo de la Cultura Cubana Juan Marinello, 2003. Impreso.

---. *Apreciación de la Danza*. La Habana: Editorial Letras Cubanas, 2003. Impreso.

---. *Eros baila danza y sexualidad*. La Habana: Letras cubanas, 2000. Impreso.

---. *Teatralización del Folklore y otros ensayos*. La Habana: Editorial Letras Cubanas, 1989. Impreso.

Guzmán, Amado. "Un día en el solar". *Vanguardia*. 31 de jul. 1965. Algo de cine: (s, p.). Impreso.

Hernández, María del Carmen. *Historia de la Danza en Cuba. Guía de estudio*. La Habana: Editorial Pueblo y Educación, 1980. Impreso.

Historia de un ballet. Dir. José Massip. Laboratorios HUNGAROFILM Barrandow Praga. 1962. Fílmico.

ICAIC, C. d. *Expediente de Un día en el Solar*.1965. Impreso.

Lam, Rafael. *Tropicana: Un paraíso bajo las estrellas*. La Habana: Editorial José Martí, 1997. Impreso.

López, Luis M. "El 'Solar' A Color". *Revolución*. 6 de ago. 1965: (s, p.). Impreso.

Danza de mi corazón. Dir. Ricardo Acosta. The Santa Fe Community College. 2007. Fílmico.

Manet, Eduardo. "El Solar. De la escena a la pantalla. Puesta en escena de El solar en el Teatro Mella". *Cine cubano*. 21-1964: 1-2. Impreso.

Marchant Julieta y Valentina Escobar. *Resumen de normas MLA*. Universidad Diego Portales: Santiago de Chile. Web. Recuperado 24 de feb. 2018. http://eticaacademica.unam.mx/MLA_Resumen.pdf

Márquez Romero, Guillermo. *Danza moderna y contemporánea*. La Habana: Editorial Pueblo y Educación. 1988. Impreso.

Martínez, R.R. "Todo vale en Ritmo y danza". *Cuba En el Ballet*. 117-2008: 58-59. Impreso.

Mederos Moronta, Yahimí. "Ballet Nacional de Cuba: Esencias africanas en la creación coreográfica". *Cuba en el Ballet*. 116-2008: 48-55. Archivo PDF.

Orquesta del Teatro Musical de La Habana. Banda sonora de *Un día en el solar*. Empresa de Grabaciones y Ediciones Musicales del C.N.C. 1965. Disco de Vinilo. Compositor: Tony taño. Letras: Lisandro Otero.

Pavis, Patrice. *El análisis de los espectáculos. Teatro, mimo, danza y cine*. Barcelona, Buenos Aires, México: Paidós Comunicación, 2000. Archivo PDF.

---. *Diccionario del teatro*. Paidós. 1998. Impreso.

Pajares Santiesteban, Fidel. *La danza contemporánea cubana y su estética*. La Habana: Ediciones Unión, 2005. Impreso.

Santiesteban, Elder. "Vivir sobre las tablas". *Bohemia*. (s, f.): 53-54. Impreso.

Santos Gracia, Caridad y Nieves Armas Rigal. *Danzas populares tradicionales cubanas*. La Habana: Centro de Investigación y Desarrollo de la Cultura Cubana Juan Marinello, 2002. Impreso.

Serebrennikov, N.N. *Pas de deux*. La Habana: Editorial Pueblo y Educación, 1987. Impreso.

Simón, Pedro."Carmen en su aniversario cuarenta". *Cuba en el Ballet*. 114-2007: 12- 25. Impreso.

Suárez, Norma. *Fernando Ortiz y la cubanidad. Colección la Fuente viva*. La Habana: Ediciones Unión, 1996. Archivo PDF.

Un día en el solar. Dir. Eduardo Manet. ICAIC. 1965. Fílmico.

Un retablo para Romeo y Julieta. Dir. Antonio Reboiro. ICAIC. (s, f). Fílmico.

Valdés Rodríguez, José Manuel. "'Mi solar': un acierto". *El Mundo*. 27 de mar. 1965. Tablas y Pantallas: 6. Impreso.

---. "Dos películas cubanas". *El Mundo*. 4 de ago.1965. Tablas y Pantallas: (s, p.). Impreso.

Vizcaino, María Argelia. "Famosas parejas de baile popular cubano". Web. Recuperado el 2 de ene. 2018. *https://www.mariaargeliavizcaino.com/-FamosasparejasdeBailaePopularCubano*.

www.yusnaby.com/ un día en el solar- 1965. (s.f.). Recuperado el 23 de abr. de 2015.

Anexos

(Anexo 1) Premios y galardones otorgados a Alberto Alonso

-Premio al mejor Conjunto coreográfico. Unión de la Crónica Tele Radial Diaria (UCTRD). Cuba, 1952.

-Premio al mejor conjunto coreográfico. Críticos Asociados de Radio y Televisión (CARTV). Cuba, otorgado en los años 1954,1956, 1957 y 1958.

-Premio al mejor coreógrafo. UCTRD. Cuba, 1957.

-Segundo Premio en coreografía moderna IV Concurso Internacional de Ballet, Varna, Bulgaria, 1968.

-Orden 30 años de dedicación al Arte. Sindicato Nacional de Arte y Espectáculos. CTC. Cuba, 1968.

-Distinción Por la Cultura Nacional. Ministerio de Cultura. Cuba, 1981.

-Medalla Raúl Gómez García. Sindicato Nacional de Trabajadores de la Cultura. Cuba, 1982.

-Diploma de Reconocimiento. Ballet Bolshoi de Moscú, Unión Soviética, 1987.

-Premio Anual Ministerio de las Fuerzas Armadas Revolucionarias, Cuba.

-Categoría de Miembro Emérito. Asociación de Artistas Escénicos y Artistas de Cuba. UNEAC. Cuba, 1988.

-Premio especial de Coreografía por su obra en el V Concurso Nacional de coreografía UNEAC' 89.

-Doctor Honoris Causa en Arte Danzario. ISA. Cuba, 1990.

-Premio *Una vida por la Danza*. Festival Internacional de Ballet de Miami. Estados Unidos, 2006.

(Anexo 2) Entrevistas realizadas

Las entrevistas se realizaron con el objetivo de obtener información sobre:

- El trabajo artístico del Conjunto Experimental de Danza de La Habana.

- Las obras *El Solar*, *Mi solar* y *Un día en el solar*.

- Asesoría para el análisis dancístico.

- La vida y obra artística del coreógrafo Alberto Alonso.

Personas entrevistadas:

- Lázara Haydee (Cirita) Santana. Bailarina del Conjunto Experimental de Danza de la Habana. Actriz, comediante musical, cantante y presentadora, (11 – 1 – 2015).

- Gladys Alvarado. Bailarina del Conjunto Experimental de Danza de La Habana. Especialista de danza del Consejo Nacional de Artes Escénicas, (20 – 5 – 2015).

- Caridad Martínez (Caruca). Bailarina y coreógrafa del Ballet de la TV cubana, (2 – 6 – 2015).

- Antonio Mazón. Especialista del arte cinematográfico. Programador de la Cinemateca, (9 – 6 – 2015).

- Jesús (Papín) Abreu. Músico de la orquesta de Rumba Los Papines, (12 – 6 – 2015).

- Manuel López Martínez. Musicólogo, Profesor de música de la ENA, (30 – 6 – 2015).

- Dania Suárez Piorno. Compositora, (30 – 6 – 2015).

- Olivia Belizaires. Bailarina del Conjunto Experimental de Danza de La Habana, comediante musical, (10 – 7 – 2015).

- Miguel Cabrera. Historiador del Ballet Nacional de Cuba, (15 – 7 – 2015).

- Graciela Fernández Mayo. Diseñadora, profesora de diseño escenográfico en la Universidad de las Artes, (16 – 9 – 2015).

- Ondina Mateo del Toro. Cantante, compositora y conductora de espectáculos, (22 – 9 – 2015).

- Rafael Hernández. Bailarín y director artístico del Cabaret Parisién, (30 – 9 – 2015)

- Santiago Alfonso. Bailarín, coreógrafo y director artístico. Premio Nacional de Danza (2004), (1 – 10 – 2015).

- Tomás Morales. Bailarín del Conjunto Experimental de Danza de La Habana, comediante musical, coreógrafo y director artístico, (8 – 10 – 2015).

- Ismael Albelo Oti. Especialista de Danza, (14 – 10 – 2015).

- Alfredo O´Farril. Bailarín, percusionista, profesor de Danza Folklórica de la Universidad de las Artes, ISA, (13 – 1 – 2016).

- José Miguel Horta. Bailarín del Conjunto Experimental de Danza de La Habana, comediante musical, (26 – 1 – 2016).

- Silvia Rodríguez. Profesora de ballet de la Escuela de nivel medio de ballet Fernando Alonso, (28 – 1 – 2016).

- Clotilde (Loti) Peón Sánchez. Bailarina del Ballet Nacional de Cuba. Maître de ballet compañía Acosta Danza, (1 – 2 – 2016).

- Omara Portuondo. Cantante. Ex integrante del Habana Social Club, (12 – 4 – 2016).

- Cristy Domínguez. Bailarina del Conjunto experimental de Danza de La Habana. Directora del Ballet de la Televisión Cubana, (19 – 5 – 2016).

- Andrés Gutiérrez. Bailarín del Conjunto Experimental de Danza de La Habana. Coreógrafo y director artístico de Espectáculos musicales, (24 – 5 – 2016).

- Eneyda Sánchez Bustamante. Maître, profesora de Técnica de la danza moderna y subdirectora de la Escuela Provincial de Danza Alejo Carpentier, (9 – 9 – 2016).

(Anexo 3) Sinopsis de "Un día en el Solar"

Un solar es una reunión de habitaciones en las que viven más gentes de las que caben. En un solar, el movimiento es continuo ya que el espacio es demasiado pequeño. La vida es intensa y las anécdotas se mezclan. Así Sonia, ahijada de Yeya ama a Tomás. Yeya desea para Sonia un "partido mejor" y trata de que la muchacha acepte a Lalo, el bodeguero. Regla, cansada de un marido que no hace más que dormir y enamorada de Tomás visita a la Santera para que ésta le haga un "trabajo" para conquistar al joven. Alicia, la Chismosa, pendiente de la vida de los otros, descuida las actividades de su amante, el Chévere y éste, aprovecha los momentos oportunos para enamorar a Sonia. Mientras, la Joven Optimista y el Atleta cantan lo bueno que es levantarse temprano y cómo debe uno ejercitarse física e intelectualmente para tener una mente sana en un cuerpo sano.

(Material seleccionado del Expediente del filme *"Un día en el solar"* que obra en archivos del ICAIC)

(Anexo 4) Estructura musical-dramática de "Mi solar"

I Acto: Un sábado desde la madrugada al mediodía.
- "Mi solar"
- "Qué bueno es levantarse temprano"
- "ABC de la vida"
- "Rosa María"
- "El amor es una cosa para dos"
- "Llegó el agua"
- "No siempre viviremos así"
- "Con el jabón bon"
- "Lo que puede Lula"
- "Barriendo entre dos"

II Acto: Ese mismo día por la noche.
- "Mente sana en un cuerpo sano"
- "El desarrollo dialéctico"
- "Soñando entre dos"
- "Este paso militar, es muy popular"
- "El amor es una cosa para dos"
- "Está, bien lo que termina bien"

(Seleccionado del Programa de mano de la Comedia musical *Mi solar*, con fecha del 25 de marzo de 1965).

(Anexo 5) Elementos a tener en cuenta para el visionaje de un audiovisual de danza.

    1. Movimentalidad ([¿Existe] una técnica, se puede caracterizar?, ¿[la] energía y cualidad en el movimiento [dada por la motivación, el ritmo, el diseño, la dinámica], describe acciones?)

    2. Tiempo (Tipo de temporalidad - velocidad, ralentización estatismo, etc. su relación con el tratamiento temporal de la fábula)

    3. Espacio (Zonas, trayectorias, grado de convencionalidad o de desdibujo en la estructuración del espacio - distancias, cercanías, proxemia, etc., ¿cómo se construye?, relaciones entre el espacio físico y el ficcional)

    4. Planos dramatúrgicos: ¿complementarios?, ¿decorativos? ¿Dispositivos en el entramado? Sonoridad - música, silencio, ruido (vestuario, maquillaje, iluminación, tecnologías…entre otros)

    5. Estructura externa (General mirada desde fuera; divisiones en actos, escenas, cuadros, etc., y las vinculaciones entre ellos al estructurar la pieza global)

    6. Vector significante (¿Unidad simbólica de la pieza, producción de sentido, referencialidad, asociaciones provocaciones, acontecimiento?) ¿De qué habla el texto?, ¿de qué habla el espectáculo? ¿Documentación, contexto, cartografía? (Chongo: 2014)

(Seleccionado del Taller de historia, teoría y dramaturgia en la danza. METD 2 edición, Universidad de las Artes, ISA. La Habana)

Otras publicaciones de Argus-a:

Gustavo Geirola
Dramaturgia de frontera / Dramaturgias del crimen
A propósito de los teatristas del norte de México

Virgen Gutiérrez
Mujeres de entre mares. Entrevistas

Ileana Baeza Lope
Sara García: ícono cinematográfico nacional mexicano, abuela y lesbiana

Gustavo Geirola
Teatralidad y experiencia política en América Latina (1957-1977)

Domingo Adame
Más allá de la gesticulación. Ensayos sobre teatro y cultura en México

Alicia Montes y María Cristina Ares (compiladoras)
Cuerpos presentes. Figuraciones de la muerte, la enfermedad, la anomalía y el sacrificio.

Lola Proaño Gómez y Lorena Verzero / Compiladoras y editoras
Perspectivas políticas de la escena latinoamericana. Diálogos en tiempo presente

Gustavo Geirola
Praxis teatral. Saberes y enseñanza. Reflexiones a partir del teatro argentino reciente

Alicia Montes
De los cuerpos travestis a los cuerpos zombis. La carne como figura de la historia

Lola Proaño - Gustavo Geirola
¡Todo a Pulmón! Entrevistas a diez teatristas argentinos

Germán Pitta Bonilla
La nación y sus narrativas corporales. Fluctuaciones del cuerpo femenino en la novela sentimental uruguaya del siglo XIX (1880-1907)

Robert Simon
To A Nação, with Love: The Politics of Language through Angolan Poetry

Jorge Rosas Godoy
Poliexpresión o la des-integración de las formas en/desde La nueva novela *de Juan Luis Martínez*

María Elena Elmiger
DUELO: Íntimo. Privado. Público

María Fernández-Lamarque
Espacios posmodernos en la literature latinoamericana contemporánea: Distopías y heterotopíaa

Gabriela Abad
Escena y escenarios en la transferencia

Carlos María Alsina
De Stanislavski a Brecht: las acciones físicas. Teoría y práctica de procedimientos actorales de construcción teatral

Áqis Núcleo de Pesquisas Sobre Processos de Criação Artística Florianópolis
Falas sobre o coletivo. Entrevistas sobre teatro de grupo

Áqis Núcleo de Pesquisas Sobre Processos de Criação Artística Florianópolis
Teatro e experiências do real (Quatro Estudos)

Gustavo Geirola
El oriente deseado. Aproximación lacaniana a Rubén Darío.

Gustavo Geirola
Arte y oficio del director teatral en América Latina. Tomo I México - Perú

Gustavo Geirola
Arte y oficio del director teatral en América Latina. Tomo II. Argentina – Chile – Paragua – Uruguay

Gustavo Geirola
Arte y oficio del director teatral en América Latina. Tomo III Colombia y Venezuela

Gustavo Geirola
Arte y oficio del director teatral en América Latina. Tomo IV Bolivia - Brasil - Ecuador

Gustavo Geirola
Arte y oficio del director teatral en América Latina. Tomo V. Centroamérica – Estados Unidos

Gustavo Geirola
Arte y oficio del director teatral en América Latina. Tomo VI Cuba- Puerto Rico - República Dominicana

Gustavo Geirola
Ensayo teatral, actuación y puesta en escena. Notas introductorias sobre psicoanálisis y praxis teatral en Stanislavski

Argus-*a*
Artes y Humanidades / Arts and Humanities
Los Ángeles – Buenos Aires
2018

www.ingramcontent.com/pod-product-compliance
Lightning Source LLC
Chambersburg PA
CBHW020427220526
45464CB00002B/602